La Blockchain pour les nuls

La Blockchain pour les nuls

Tiana Laurence

FIRST Editions

La Blockchain pour les Nuls

Tire de l'édition originale : *Blockchain For Dummies®*

Pour les Nuls est une marque déposée de Wiley Publishing, Inc.
For Dummies est une marque déposée de Wiley Publishing, Inc.

Collection dirigée par Jean-Pierre Cano
Traduction : Laurent Leloup
Mise en page : maged

Edition française publiée en accord avec Wiley Publishing, Inc.

Éditions First, un département d'Édi8
12 avenue d'Italie
75013 Paris
Tél. : 01 44 16 09 00
Fax : 01 44 16 09 01
E-mail : firstinfo@efirst.com
Web : www.editionsfirst.fr
ISBN : 978-2-412-02890-2
Dépôt légal : 1er trimestre 2018

Imprimé en France

Sommaire

Introduction

Bienvenue dans *La Blockchain pour les Nuls* ! Si vous voulez savoir ce que sont les blockchains et connaître les bases de leur utilisation, c'est le livre qu'il vous faut. Beaucoup pensent que les blockchains sont difficiles à comprendre. Ils les perçoivent également juste comme des crypto-monnaies, à l'image du bitcoin, mais elles sont beaucoup plus que cela, et chacun peut en maîtriser les bases.

Dans ce livre, vous trouverez des conseils utiles pour évoluer dans le monde de la blockchain et des crypto-monnaies qui les font fonctionner. Vous trouverez également des tutoriels pratiques qui, étape par étape, vous permettront de comprendre comment fonctionnent les blockchains ainsi que la valeur ajoutée qu'elles apportent.

Vous n'avez pas besoin d'une formation en programmation, en économie ou en business international pour lire et comprendre ce livre, mais je touche à tous ces sujets parce que la technologie blockchain les englobe tous.

À propos de ce livre

Ce livre explique les bases des blockchains, des contrats intelligents et des crypto-monnaies.

Vous avez probablement ouvert ce livre parce que vous avez entendu parler des blockchains, savez que c'est un sujet important, mais vous n'avez aucune idée de la façon dont elles fonctionnent ni pourquoi vous devriez vous en soucier. Ce livre répond à toutes ces questions dans des termes faciles à comprendre.

Ce livre est un peu différent de tous les autres sur le marché qui traitent de ce sujet. Il étudie les principales blockchains du marché public, avec leur fonctionnement, leur rôle et leurs avantages.

Ce livre couvre également le paysage de la technologie blockchain et souligne les principaux points à prendre en compte pour vos propres projets blockchains. Vous découvrirez comment installer un portefeuille Ethereum, créer et exécuter un contrat intelligent, créer des saisies dans Bitcoin et Factom, et gagner des crypto-monnaies.

Vous n'avez pas besoin de lire ce livre en entier. Vous avez juste à vous rendre vers le sujet qui vous intéresse.

Enfin, dans ce livre, vous pouvez noter que certaines adresses Web traversent deux lignes de texte. Si vous lisez ce livre en version imprimée et que vous souhaitiez visiter l'une de ces pages Web, il vous suffit de saisir l'adresse Web exactement comme c'est indiqué dans le texte, en notant que la rupture de ligne n'existe pas. Si vous lisez la version e-book, c'est facile : cliquez simplement sur l'adresse Web et vous vous rendrez directement sur la page Web.

Prérequis

Je n'ai pas d'idée préconçue vous concernant et à propos de votre expérience en matière de crypto-monnaies, de programmation et de questions juridiques, mais je suppose ce qui suit :

» Vous disposez d'un ordinateur et d'un accès à Internet, et savez vous en servir.

» Vous savez naviguer dans les menus des programmes.

» Vous êtes nouveau dans le monde de la blockchain et vous n'êtes pas un programmeur qualifié. Bien évidemment, si vous êtes un programmeur qualifié, vous pouvez toujours prendre plaisir à lire ce livre – vous aurez peut-être à survoler quelques-unes des instructions étape par étape.

Icônes utilisées dans ce livre

Tout au long de ce livre, j'utilise des icônes dans la marge pour attirer votre attention sur certains types d'informations. Voici ce que signifient les icônes :

L'icône CONSEIL représente les conseils et les raccourcis que vous pouvez utiliser pour vous faciliter l'usage des blockchains.

L'icône RAPPEL représente l'information qui est particulièrement importante à connaître : les choses dont vous souhaitez vous souvenir. Pour retenir les informations les plus importantes de chaque chapitre, suivez simplement ces icônes.

L'icône NOTE TECHNIQUE contient des informations de nature hautement technique que vous pouvez ignorer sans manquer le point principal du sujet en question.

L'icône ATTENTION vous dit d'être attentif. Elle souligne des informations importantes qui peuvent vous épargner des maux de tête ou des tokens.

Et maintenant...

Vous pouvez appliquer la technologie blockchain à pratiquement tous les domaines d'activité existants. À l'heure actuelle, cette dernière connaît une croissance exponentielle dans les secteurs de la finance, de la santé, de la gouvernance, des assurances, et ce n'est que le début. Le monde change, et les possibilités qui s'ouvrent à vous sont infinies !

Démarrer avec la blockchain

DANS CETTE PARTIE :

Découvrez à quoi ressemblent les blockchains et comment elles peuvent être bénéfiques pour votre organisation.

Identifiez le bon type de technologie et découvrez les étapes pour développer et exécuter un projet blockchain efficace.

Créez vos propres contrats intelligents sur Bitcoin et déterminez la manière dont cette technologie peut s'adapter à votre organisation.

Découvrez les outils dont vous avez besoin pour progresser et pour exécuter votre propre blockchain sur Ethereum.

Chapitre 1

Introduction aux blockchains

DANS CE CHAPITRE :

- **Découvrir le monde des blockchains**
- **Comprendre l'importance des blockchains**
- **Identifier les trois types de blockchains**
- **Approfondir votre connaissance sur la façon dont les blockchains fonctionnent**

À l'origine, *blockchain* est un terme informatique qui désigne ce qui permet de structurer et de partager des données. Aujourd'hui, les blockchains sont qualifiées de « cinquième évolution » majeure de l'informatique. Elles constituent une nouvelle approche de la base de données distribuée. L'innovation vient de l'intégration d'anciennes technologies avec de nouvelles méthodes. Vous pouvez considérer les blockchains comme des bases de données distribuées qu'un groupe d'individus contrôle et qui stocke et partage l'information.

Il existe plusieurs sortes de blockchains et d'applications blockchain. La blockchain est une technologie globale qui s'intègre à toutes les plateformes et tous matériels partout dans le monde.

Présentation des blockchains

Une blockchain est une structure de données qui permet de créer un livre numérique de données et de le partager dans un réseau d'individus indépendants. Il existe différentes sortes de blockchains.

- **Blockchains publiques** (*permissionless blockchains*) : les blockchains publiques, telles que Bitcoin, sont de grands réseaux distribués qui sont exécutés *via* un token ou jeton natif. Elles sont ouvertes à tous et à tout niveau, et ont un code source ouvert que leur communauté maintient à jour.
- **Blockchains autorisées** (*permissioned blockchains)* : les blockchains autorisées, telles que Ripple, contrôlent les rôles que les individus peuvent jouer au sein du réseau. Elles sont toujours étendues et possèdent des systèmes distribués qui utilisent un token natif. Leur code source peut ou non être open source.
- **Blockchains privées** : les blockchains privées ont tendance à être plus petites et à ne pas utiliser de token. Leur accès est étroitement contrôlé. Ces types de blockchains sont favorisés par les consortiums qui ont des membres affiliés qui échangent des informations confidentielles.

Les trois types de blockchains utilisent la cryptographie pour permettre à chaque participant sur un réseau donné de gérer le grand livre (registre) de manière sécurisée sans avoir besoin d'une autorité centrale pour appliquer les règles. L'élimination de l'autorité centrale de la structure de la base de données est l'un des aspects les plus importants et les plus puissants des blockchains.

Les blockchains créent des enregistrements permanents et l'historisation des transactions, mais rien n'est vraiment permanent. La permanence de l'enregistrement est fondée sur la permanence du réseau. Dans le contexte des blockchains, cela signifie qu'une grande partie d'une communauté blockchain doit accepter de modifier l'information et est incitée à ne pas modifier les données.

Lorsque les données sont enregistrées dans une blockchain, il est extrêmement difficile de les modifier ou de les supprimer. Lorsque quelqu'un veut ajouter un enregistrement à une blockchain, également appelé *transaction* ou *saisie*, les utilisateurs du réseau qui ont un contrôle de validation vérifient la transaction proposée. C'est là que les choses se compliquent, parce qu'à chaque blockchain correspond une manière légèrement différente de fonctionner et de valider les transactions.

Rôle des blockchains

Une blockchain est un système *pair-à-pair* sans autorité centrale qui gère le flux des données. L'une des principales façons d'éliminer le contrôle central tout en maintenant l'intégrité des données est d'avoir un large réseau distribué d'utilisateurs indépendants. Cela signifie que les ordinateurs qui composent le réseau se trouvent dans plus qu'un seul emplacement. Ces ordinateurs sont souvent appelés des nœuds pleins (*full nodes*).

La Figure 1.1 montre une visualisation de la structure du réseau de la blockchain Bitcoin. Vous pouvez le voir en action sur http://dailyblockchain.github.io.

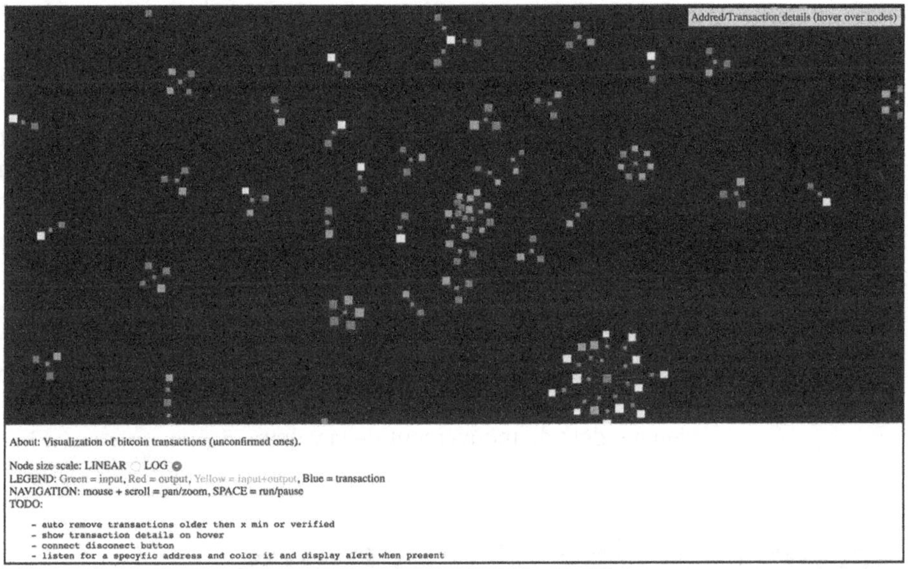

FIGURE 1.1 La structure du réseau de la blockchain Bitcoin.

Pour éviter que le réseau ne soit corrompu, non seulement les blockchains sont décentralisées, mais souvent elles utilisent également une crypto-monnaie. Une crypto-monnaie est un token (jeton) numérique qui a une valeur marchande. Les crypto-monnaies sont échangées sur des marchés comme les actions. Les crypto-monnaies fonctionnent légèrement différemment pour chaque blockchain. Fondamentalement, le logiciel paie le matériel pour fonctionner. Le logiciel est le protocole blockchain. Les protocoles blockchain renommés comprennent Bitcoin, Ethereum, Ripple, Hyperledger et Factom. Le matériel se compose des nœuds pleins qui sécurisent les données dans le réseau.

Importance des blockchains

Les blockchains sont désormais reconnues comme étant la « cinquième évolution » de l'informatique, la couche de confiance qui manquait pour Internet. C'est l'une des raisons pour lesquelles tant de gens sont devenus enthousiastes à ce sujet.

Les blockchains peuvent créer la confiance dans les données numériques. Lorsqu'une information a été écrite dans une base de données blockchain, il est presque impossible de la supprimer ou de la modifier. Cette fonctionnalité n'avait jamais existé auparavant.

Lorsque les données sont permanentes et fiables dans un format numérique, vous pouvez effectuer des transactions en ligne tandis que dans le passé cela n'était possible que hors ligne. Tout ce qui demeure analogue, y compris les droits de propriété et l'identité, peut maintenant être créé et maintenu en ligne. Les lents processus métiers et bancaires, tels que les transferts d'argent et les règlements de fonds, peuvent maintenant s'effectuer presque instantanément. Les implications pour les enregistrements numériques sécurisés sont énormes pour l'économie mondiale.

Les premières applications créées ont été conçues pour être greffées sur le transfert de valeur numérique sécurisé que les blockchains permettent grâce à la négociation de leurs tokens natifs. Cela comprenait des opérations comme le mouvement de l'argent et des actifs. Mais les possibilités des réseaux blockchain vont bien au-delà du mouvement de la valeur.

Structure des blockchains

Les blockchains sont composées de trois parties principales :

» **Le bloc** : une liste des transactions enregistrées dans un grand livre (registre) sur une période donnée. La taille, la période et l'événement déclencheur pour les blocs sont différents pour chaque blockchain.

Toutes les blockchains n'ont pas pour premier objectif d'enregistrer et de garantir un enregistrement du mouvement de leur crypto-monnaie. Mais toutes les blockchains enregistrent le mouvement de leur crypto-monnaie ou de leur token. Songez à la transaction comme étant simplement l'enregistrement des données. Le fait de lui affecter une valeur (comme lors d'une transaction financière) permet d'interpréter ce que signifie cette donnée.

» **La chaîne** : un *hash* qui relie un bloc à un autre, les enchaînant mathématiquement ensemble. C'est l'un des concepts de la blockchain le plus difficile à comprendre. C'est aussi la magie qui colle des blocs ensemble et leur permet de créer une confiance mathématique.

  Le hash dans la blockchain est créé à partir des données qui se trouvaient dans le bloc précédent. Le hash est une empreinte digitale de ces données qui verrouille les blocs dans l'ordre et dans le temps.

  Bien que les blockchains soient une innovation relativement nouvelle, le hachage, lui, ne l'est pas. Le hachage a été inventé il y a plus de 30 ans. Cette ancienne innovation est utilisée car elle crée une fonction à sens unique qui ne peut pas être déchiffrée. Une fonction de hachage crée un algorithme mathématique qui mappe des données de n'importe quelle taille à une chaîne de bits d'une taille fixe. Une chaîne de bits a généralement 32 caractères, ce qui représente les données qui ont été hachées. L'algorithme *Secure Hash Algorithm* (SHA) est l'une des fonctions de hachage cryptographique utilisées dans les blockchains. SHA-256 est un algorithme commun qui génère un hash presque unique, à taille fixe de 256 bits (32 octets). À des fins pratiques, songez au hash comme à une empreinte numérique des données qui est utilisée pour les verrouiller en place à l'intérieur de la blockchain.

» **Le réseau** : le réseau est composé de « nœuds pleins » (*full nodes*). Songez-y comme à un ordinateur exécutant un algorithme sécurisant le réseau. Chaque nœud contient un enregistrement complet de toutes les transactions qui ont déjà été enregistrées dans cette blockchain.

  Les nœuds sont localisés partout dans le monde et peuvent être exploités par n'importe qui. Il est difficile, coûteux et chronophage de faire fonctionner un nœud plein, de sorte que les gens ne le font pas gratuitement. Ils sont incités à faire fonctionner un nœud car ils veulent gagner des crypto-monnaies. L'algorithme de blockchain sous-jacent les récompense pour leur service. La récompense est habituellement un token ou une crypto-monnaie, comme le bitcoin.

Les termes *bitcoin* et *blockchain* sont souvent utilisés indifféremment, mais ils ne sont pas identiques. Le bitcoin possède une blockchain. La blockchain Bitcoin est le protocole sous-jacent qui permet le transfert sécurisé du bitcoin. Le terme bitcoin est le nom de la crypto-monnaie qui alimente le réseau Bitcoin. La blockchain est une classe de logiciel, et bitcoin est une crypto-monnaie spécifique.

Note du traducteur : pour différencier *Bitcoin* de *bitcoin*, retenons simplement que la blockchain Bitcoin s'écrit avec un « B » majuscule, et la crypto-monnaie bitcoin avec un « b » minuscule.

Applications blockchain

Les applications blockchain sont construites autour de l'idée que le réseau est l'arbitre. Ce type de système est un environnement impitoyable et aveugle. Le code informatique devient la loi et les règles sont exécutées car elles ont été écrites et interprétées par le réseau. Les ordinateurs n'ont pas les mêmes préjugés sociaux ni les mêmes comportements que les humains.

Le réseau ne peut pas interpréter l'intention (tout au moins pas encore). Les contrats d'assurance arbitrés sur une blockchain ont fait l'objet d'une enquête approfondie en tant que cas d'utilisation construit autour de cette idée.

Une autre chose intéressante à noter est que les blockchains permettent une tenue impeccable des enregistrements. Elles peuvent être utilisées pour créer un calendrier clair de qui a fait quoi et quand. De nombreuses industries et organismes de réglementation passent d'innombrables heures à essayer d'évaluer ce problème. La tenue par la blockchain lèvera certains fardeaux qui sont créés lorsque nous essayons d'interpréter le passé.

Le cycle de vie de la blockchain

Les blockchains ont pour origine la création de la blockchain Bitcoin. Elle démontrait qu'un groupe de personnes qui ne s'étaient jamais rencontrées pourrait travailler en ligne dans un système qui était désensibilisé au fait de vouloir tromper ceux qui coopéraient sur le réseau.

Le réseau Bitcoin originel a été construit pour sécuriser la crypto-monnaie bitcoin. Il compte environ 5 000 nœuds complets et est distribué à l'échelle mondiale. Il est principalement utilisé pour échanger du bitcoin et des valeurs d'échange, mais la communauté possède le potentiel de faire beaucoup plus que cela avec le réseau. En raison de sa taille et de sa sécurité éprouvée, elle sert également à sécuriser d'autres blockchains plus petites et des applications blockchain.

Le réseau Ethereum est une deuxième évolution du concept blockchain. Il reprend la structure blockchain traditionnelle et ajoute un langage de programmation qui est construit à l'intérieur de celle-ci. Comme Bitcoin, il possède plus de 5 000 nœuds complets et est distribué à l'échelle mondiale. Ethereum est principalement utilisé pour échanger des ethers, créer des contrats intelligents et créer des organisations autonomes décentralisées (*Decentralized Autonomous Organizations* ou DAO). Il est également utilisé pour sécuriser les applications blockchain et les blockchains plus petites.

Le réseau Factom est la troisième évolution de la technologie blockchain. Il utilise un système de consensus plus léger, incorpore le vote et stocke beaucoup plus d'informations. Il a principalement été construit pour sécuriser les données et le système. Factom fonctionne avec des nœuds fédérés et un nombre illimité de nœuds de vérification. Son réseau est petit, de sorte qu'il s'intègre lui-même dans d'autres réseaux distribués construisant des ponts à travers les blockchains transportées.

Consensus : la force motrice des blockchains

Les blockchains sont de puissants outils car elles créent des systèmes de confiance qui se corrigent automatiquement sans avoir besoin d'un tiers pour appliquer les règles. Elles accomplissent l'application des règles par leur algorithme de consensus.

Dans le monde de la blockchain, le consensus consiste à élaborer un accord au sein d'un groupe d'actionnaires généralement méfiants. Ce sont les nœuds pleins sur le réseau. Les nœuds pleins valident les transactions qui sont entrées dans le réseau pour être enregistrées dans le registre.

La Figure 1.2 montre le concept de la façon dont les blockchains parviennent à un accord.

Chaque blockchain possède ses propres algorithmes pour créer un accord au sein de son réseau sur les saisies ajoutées. Il existe de nombreux modèles différents pour créer un consensus, car chaque blockchain crée différents types de saisies. Pour certaines blockchains, il s'agit de valeur marchande, tandis que d'autres stockent des données, et d'autres encore sécurisent les systèmes et les contrats.

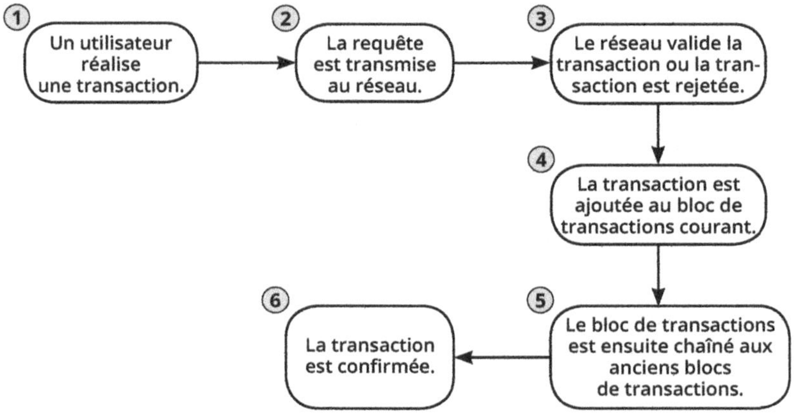

FIGURE 1.2 Comment fonctionnent les blockchains.

Bitcoin, par exemple, négocie la valeur de son token entre les membres de son réseau. Les tokens ont un prix de marché, de sorte que les exigences liées à la performance, l'évolutivité, la cohérence, le modèle de menace et le modèle de défaillance seront plus élevées. Bitcoin opère sous l'hypothèse qu'un attaquant malveillant pourrait vouloir corrompre l'historique des transactions afin de voler des tokens. Bitcoin empêche que cela ne se produise en utilisant un modèle de consensus appelé preuve de travail (*proof-of-work*) qui résout le problème des généraux byzantins : « Comment savez-vous que les informations que vous regardez n'ont pas été modifiées en interne ou en externe ? ». Parce que changer ou manipuler des données est presque toujours possible, la fiabilité des données est un gros problème pour l'informatique.

La plupart des blockchains fonctionnent sur le principe qu'elles seront attaquées par des forces extérieures ou par des utilisateurs du système. La menace envisagée, et le degré de confiance que le réseau a dans les nœuds qui exploitent la blockchain, détermineront le type d'algorithme de consensus qu'elles utiliseront pour gérer leur registre. Par exemple, Bitcoin et Ethereum s'attendent à un très haut degré de menace et utilisent un solide algorithme de consensus appelé *preuve de travail*. Il n'y a pas de confiance dans le réseau.

À l'autre extrémité du spectre, les blockchains utilisées pour enregistrer des transactions financières entre des parties connues peuvent utiliser un consensus plus léger et plus rapide. Leur besoin de transactions à grande vitesse est plus important. La preuve du travail est trop lente et coûteuse pour leur fonctionnement en raison de la rareté des participants au réseau et de la finalité immédiate exigée pour chaque transaction.

Les blockchains en pratique

Aujourd'hui, des centaines de blockchains et d'applications blockchain existent. Le monde entier est devenu obsédé par l'idée de transférer l'argent plus rapidement, de gérer et gouverner dans un réseau distribué et de créer des applications et des matériels sécurisés.

Vous pouvez voir plusieurs de ces blockchains publiques en effectuant un échange de crypto-monnaie.

La Figure 1.3 montre l'échange d'altcoins sur Poloniex (https://poloniex.com), une plateforme d'échanges de crypto-monnaies.

FIGURE 1.3 La plateforme d'échanges d'altcoins.

Les blockchains vont au-delà du marché des échanges et sont intégrées à toutes sortes d'industries. Les blockchains ajoutent une nouvelle couche de confiance qui rend désormais le travail en ligne sécurisé d'une façon qui était impossible auparavant.

Usages actuels de la blockchain

La plupart des applications blockchain opérationnelles tournent autour du déplacement d'argent ou d'autres formes de valeur de façon rapide et à moindre coût. Cela inclut le commerce des actions de sociétés, le paiement d'employés dans d'autres pays et l'échange d'une monnaie contre une autre.

Les blockchains sont aussi utilisées dans le cadre d'un empilement de sécurité logicielle. Le Département américain de la Sécurité intérieure a étudié le logiciel blockchain qui sécurise les dispositifs « *Internet of Things* » (IoT). Le monde de l'IoT a le plus à gagner de cette innovation, car il est particulièrement vulnérable à la falsification et à d'autres formes de piratage. Les périphériques IoT sont également devenus plus répandus, et la sécurité est devenue plus dépendante d'eux. Les systèmes hospitaliers, les voitures autonomes et les systèmes de sécurité sont des exemples frappants.

Les DAO sont une autre innovation blockchain intéressante. Ce type d'application blockchain représente une nouvelle façon d'organiser et d'intégrer des entreprises en ligne. Les DAO ont été utilisés pour organiser et investir des fonds *via* le réseau Ethereum.

Futures applications blockchain

Les projets blockchain de grande envergure et de long terme qui sont explorés incluent désormais des systèmes d'enregistrement des territoires soutenus par le gouvernement, d'identités et d'applications de sécurité de voyages internationaux.

Les possibilités d'un avenir envahi par la blockchain ont suscité l'imagination des hommes d'affaires, des gouvernements, des groupes politiques et des humanitaires à travers le monde. Des pays comme le Royaume-Uni, Singapour et les Émirats arabes unis considèrent cela comme un moyen de réduire les coûts, de créer de nouveaux instruments financiers et de conserver des registres de qualité. Ils mènent des investissements actifs et des initiatives pour explorer la blockchain.

Avec les blockchains, la notion de besoin de confiance a été retirée de l'équation. Auparavant, quand exiger la « confiance » posait un gros problème, avec les blockchains, ce n'est plus le cas. En outre, l'infrastructure qui applique la règle si cette confiance est cassée peut être plus légère. Une grande partie de la société repose sur la confiance et l'application des règles. Les implications sociales et économiques des applications blockchain peuvent être polarisantes émotionnellement et politiquement, car la blockchain va changer la façon dont nous structurons les transactions basées sur la valeur et sur la société.

Chapitre 2

Choisir une blockchain

DANS CE CHAPITRE :

- **Découvrir la blockchain correspondant à vos besoins**
- **Faire un plan pour votre projet**
- **Découvrir les obstacles à votre projet**
- **Construire une feuille de route du projet**

L'industrie de la blockchain est complexe et grandit en taille et en fonctionnalités tous les jours. Lorsque vous avez assimilé les trois principales catégories de blockchains et leurs limites, vous savez ce qui est possible avec cette nouvelle technologie. Ce chapitre traite de l'évaluation de la technologie blockchain et de l'élaboration d'un plan de projet. Il met en contexte les chapitres suivants sur les plateformes et les applications blockchain individuelles.

Dans ce chapitre, vous voyez comment évaluer les trois différentes catégories de plateformes blockchain, ce qui est construit sur chacune des catégories et pourquoi. Je vous donne quelques outils qui vous aideront à décrire votre projet, à prévoir les obstacles et à surmonter les défis.

Quand les blockchains ajoutent de la substance

Il y a beaucoup de buzz autour des blockchains et des crypto-monnaies qui les animent. Une partie de ce buzz provient simplement de la fluctuation de la valeur des crypto-monnaies et de la crainte que la technologie blockchain perturbe de nombreuses fonctions de l'industrie et des gouvernements. Beaucoup d'argent a été investi dans la recherche et le développement, les parties prenantes ne voulant pas devenir obsolètes, et les entrepreneurs voulant explorer de nouveaux modèles d'affaires.

Lorsqu'il s'agit de trouver une opportunité à la technologie blockchain d'ajouter de la valeur à une organisation, la question suivante se pose souvent : « Où les blockchains ajoutent-elles de la valeur et en quoi sont-elles différentes des technologies existantes ? ».

Les blockchains sont un type spécial de base de données. Elles peuvent être utilisées partout où vous utiliserez une base de données normale, mais il ne sera peut-être pas judicieux de passer en revue les difficultés et les coûts de l'utilisation d'une blockchain lorsqu'une base de données normale peut effectuer le travail.

Vous percevez vraiment de la valeur dans l'utilisation d'une forme de blockchain lorsque vous souhaitez partager des informations avec des parties en qui vous n'avez pas entièrement confiance, que vos données doivent être vérifiées ou que vos données risquent d'être compromises en interne ou en externe. Aucune de ces questions n'est simple, et les bonnes solutions peuvent être difficiles à déterminer.

Cette section permet de réduire vos options.

Déterminer vos besoins

Les blockchains existent sous différentes formes. Vous en trouverez une qui correspond à vos besoins – le truc est de la trouver ! La cartographie de vos besoins sur la meilleure blockchain peut être fastidieuse. Chaque fois que j'ai beaucoup d'options et des besoins souvent contradictoires, j'aime utiliser une matrice de décision pondérée.

Une matrice de décision pondérée est un excellent outil pour évaluer les besoins d'un projet et ensuite cartographier les solutions possibles. L'avantage principal de la matrice est de vous aider à quantifier et à hiérarchiser les besoins individuels de votre projet et à simplifier la prise de décision. Les matrices de décision pondérées vous empêchent également d'être submergés par des critères individuels. Si cela se fait correctement, cet outil vous permet de converger sur une seule idée qui est compatible avec tous vos objectifs.

Pour créer une matrice de décision pondérée, procédez comme suit :

1. **Organisez un *brainstorming* sur les critères clés ou les objectifs que votre équipe doit atteindre.**

   Si vous n'êtes pas sûr des critères que vous devez prendre en considération lors de l'évaluation de votre projet blockchain, voici quelques éléments à garder à l'esprit :

   - envergure et volume ;
   - vitesse et latence ;
   - sécurité et immutabilité ;
   - capacité de stockage et besoins structurels.

   Votre équipe aura sa propre liste d'objets et de priorités. Ce ne sont que quelques-uns des points à considérer lors de l'évaluation de la plateforme appropriée à utiliser pour répondre à vos besoins.

2. **Réduisez la liste des critères à dix éléments maximum.**

   Si vous avez du mal à affiner votre liste de besoins, envisagez d'utiliser un outil de matrice de comparaison.

3. **Créez un tableau dans Microsoft Excel ou un programme similaire.**
4. **Entrez les critères de conception dans la première colonne.**
5. **Affectez un poids relatif à chaque critère en fonction de l'importance de cet objectif pour le succès du projet.**

   Limiter le nombre de points à 10 et répartissez-les entre tous vos critères : par exemple, 1 = faible, 2 = moyen et 3 = priorité élevée.

   Si vous travaillez en équipe, demandez à chaque membre de pondérer les critères séparément.

6. **Additionnez les chiffres pour chaque objectif et divisez par le nombre de membres de l'équipe pour une pondération d'équipe composite.**

7. **Effectuez tous les ajustements nécessaires pour vous assurer que chaque critère est correctement pondéré.**

Toutes nos félicitations ! Vous avez maintenant une liste classée de critères que vous devez utiliser pour réussir votre projet blockchain.

Définir votre objectif

Vous pouvez aisément vous perdre en construisant un projet blockchain qui n'a ni but ni objectif précis. Prenez le temps de comprendre ce que vous et votre équipe souhaitez et quel objectif final vous visez. Par exemple, un objectif pourrait être de commercialiser un bien avec une société partenaire sans intermédiaire. C'est un objectif important avec de nombreuses parties prenantes.

Par exemple, travailler sur un petit projet, qui serait un cas d'utilisation viable minimal pour la technologie qui définit clairement une valeur ajoutée ou des économies pour votre entreprise. Dans le même ordre d'idées que l'exemple précédent, un objectif plus petit serait de construire un réseau privé qui pourrait échanger de l'argent entre les parties de confiance.

Ensuite, construisez sur cette valeur. La prochaine étape pourrait être la construction d'un instrument négociable sur votre nouvelle plateforme. Chaque étape devrait démontrer un petit gain et une valeur créée.

Choisir une solution

Il existe trois principales catégories de blockchains : des réseaux publics comme Bitcoin, des réseaux autorisés tels que Ripple, et des privés comme Hijro.

Les blockchains réalisent quelques choses simples :

- » Elles déplacent l'argent et les paiements rapidement et à très faible coût.
- » Elles créent des historiques de données presque permanents.

La technologie blockchain permet également quelques solutions moins directes telles que la capacité à prouver que vous possédez une « chose » sans le révéler à l'autre partie. Il est également possible de « prouver le négatif » ou de prouver ce qui manque dans un ensemble de données ou un système. Cette fonctionnalité est particulièrement utile pour l'audit et la conformité.

Le Tableau 2.1 énumère les cas d'utilisations communs qui conviennent pour chaque type de blockchain.

TABLEAU 2.1 **Les types de blockchains et leur principal objectif.**

Principal objectif	Type de blockchain
Transférer de la valeur entre des parties non approuvées	Publique
Transférer de la valeur entre des parties de confiance	Privée
Négocier de la valeur entre des choses différentes	Autorisée
Négocier de la valeur pour la même chose	Publique
Créer une organisation décentralisée	Publique ou Autorisée
Créer un contrat décentralisé	Publique ou Autorisée
Négocier des actifs sécurisés	Publique ou Autorisée
Construire une identité pour les personnes ou les choses	Publique
Publier la tenue de dossiers publics	Publique
Publier la tenue de dossiers privés	Publique ou Autorisée
Préformer l'audit des enregistrements ou des systèmes	Publique ou Autorisée
Publier des informations sur les titres fonciers	Publique
Échanger de l'argent ou des actifs numériques	Publique ou Autorisée
Créer des systèmes pour la sécurité de l'IoT	Publique
Construire la sécurité des systèmes	Publique

Selon votre projet, il peut y avoir des exceptions et il est possible d'utiliser différents types de blockchains pour atteindre votre objectif. Mais en général, voici comment répartir différents types de réseaux et comprendre leurs forces et leurs faiblesses :

» Les réseaux publics sont vastes et décentralisés, n'importe qui peut y participer à n'importe quel niveau – cela inclut des choses comme l'exécution d'un nœud complet (tenir à jour un exemplaire local de la blockchain), le minage de crypto-monnaie, l'échange de tokens ou la publication des saisies. Ils ont tendance à être plus sécurisés et immuables que les réseaux privés ou autorisés. Ils sont souvent plus lents et plus coûteux à utiliser. Ils sont sécurisés avec une crypto-monnaie et ont une capacité de stockage limitée.

- Les réseaux autorisés sont accessibles au public, mais la participation est contrôlée. Beaucoup d'entre eux utilisent une crypto-monnaie, mais ils peuvent avoir un coût inférieur pour les applications qui sont construites par-dessus. Cette fonctionnalité facilite la mise à l'échelle d'un projet et augmente le volume des transactions. Les réseaux autorisés peuvent être très rapides avec une faible latence et disposent d'une plus grande capacité de stockage sur les réseaux publics.
- Les réseaux privés sont partagés entre des parties de confiance et peuvent ne pas être accessibles au public. Ils sont très rapides et peuvent ne pas avoir de latence. Ils ont également un faible coût de fonctionnement et peuvent être construits en un week-end. La plupart des réseaux privés n'utilisent pas de crypto-monnaie et n'ont pas la même immutabilité et sécurité que les réseaux décentralisés. La capacité de stockage peut être illimitée.

Il existe également des hybrides entre ces trois principaux types de blockchains qui cherchent à réaliser le bon équilibre entre sécurité, auditabilité, évolutivité et stockage de données pour les applications intégrées.

Dessiner un arbre de décision blockchain

Certaines des décisions auxquelles vous avez à faire face lorsque vous travaillez sur un projet blockchain au sein de votre organisation peuvent être difficiles à prendre et représenter de véritables défis. Il est payant de prendre le temps de choisir des décisions qui impliquent :

- **L'incertitude :** beaucoup de faits autour de la technologie blockchain peuvent être inconnus et non testés.
- **La complexité :** les blockchains ont de nombreux facteurs interdépendants à considérer.
- **Les conséquences à haut risque :** l'impact de la décision peut être important pour votre organisation.
- **Des alternatives :** il peut y avoir des technologies et des types de blockchains alternatifs, avec pour chacun leur propre ensemble d'incertitudes et de conséquences.
- **Les problèmes interpersonnels :** vous devez comprendre comment la technologie blockchain pourrait affecter différentes personnes au sein de votre organisation.

Un arbre de décision est un outil de support utile qui vous aidera à révéler les conséquences, les résultats de l'événement, les coûts des ressources et l'utilité de développer un projet blockchain.

Vous pouvez dessiner des arbres de décision sur papier ou utiliser une application.

Voici les possibilités de créer un arbre pour découvrir d'autres défis autour de votre projet :

1. **Prenez une grande feuille de papier.**

   Plus il y a de choix, plus la décision est compliquée et plus grande devra être la feuille de papier.

2. **Dessinez un carré sur le côté gauche de la feuille de papier.**
3. **Écrivez une description de l'objectif principal et des critères pour votre projet dans ce carré.**
4. **Tracez des lignes à droite du carré pour chaque problème.**
5. **Écrivez une description de chaque problème sur chaque ligne.**

   Assignez une valeur de probabilité pour chaque problème.

6. **Faites un *brainstorming* pour chacun des problèmes.**
7. **Écrivez une description de chaque solution le long de chaque ligne.**
8. **Continuez ce processus jusqu'à ce que vous ayez exploré chaque problème et découvert une solution possible pour chacun d'eux.**

Demandez aux coéquipiers de relever tous les problèmes et solutions avant de les finaliser.

Faire un plan

À ce stade, vous devriez avoir une compréhension claire de vos objectifs, de vos obstacles et de vos options blockchain disponibles.

Voici une feuille de route simple pour construire votre projet :

1. **Expliquer le projet aux principales parties prenantes et discuter de ses composantes clés et des résultats prévus.**

2. **Écrivez un plan de projet.**

   Il s'agit d'un ensemble de documents qui changeront tout au long de la vie de votre projet.

3. **Développez les mesures de la performance, l'énoncé de la portée du projet, le calendrier, et les coûts de référence.**
4. **Envisager de créer un plan de gestion des risques et un plan de dotation.**
5. **Obtenez un assentiment et définissez les rôles et les responsabilités.**
6. **Organisez une réunion de lancement pour commencer le projet.**

   La réunion devrait couvrir les éléments suivants :

   - vision pour le projet ;
   - stratégie de projet ;
   - calendrier du projet ;
   - rôles et responsabilités ;
   - activités de renforcement des équipes ;
   - engagements d'équipe ;
   - comment votre équipe prendra ses décisions ;
   - les indicateurs clés du projet.

Après avoir complété votre projet, vous n'avez pas terminé ! Retournez et analysez vos réussites et vos échecs. Voici quelques questions à se poser :

- » Mes principales parties prenantes sont-elles heureuses ?
- » Le projet est-il conforme au calendrier ?
- » Si non, qu'est-ce qui l'a retardé ?
- » Qu'est-ce que j'ai appris de ce projet ?
- » Qu'ai-je souhaité faire différemment ?
- » Ai-je réellement créé une nouvelle valeur pour mon entreprise ou fait économiser de l'argent ?

Vous voudrez peut-être revenir à ce chapitre lorsque vous aurez une connaissance approfondie de la technologie blockchain et que vous développerez un plan pour construire un projet.

Chapitre 3

Accéder à la blockchain

DANS CE CHAPITRE :

- » **Créer et utiliser un portefeuille bitcoin**
- » **Créer un simple contrat intelligent**
- » **Déployer une blockchain privée**

Les blockchains sont des outils très puissants et positionnés pour changer la manière dont le monde transfère de l'argent, sécurise des systèmes, et construit des identités digitales. Si vous n'êtes pas un développeur spécialisé, vous ne ferez probablement pas de développement blockchain dans un futur proche. Cela dit, vous devez tout de même comprendre comment les blockchains fonctionnent et quelles sont leurs principales limitations car elles seront introduites dans de nombreuses interactions en ligne – de comment des entreprises payent leurs employés à comment les gouvernements savent que leurs systèmes et données sont intacts et sécurisés.

Ce chapitre vous aide à démarrer dans le monde de la blockchain. Vous vous familiariserez avec beaucoup des aspects les plus importants du travail avec les blockchains et les cybermonnaies, aussi vous travaillerez avec des outils qui vous garderont confortablement éloigné de l'intimidant et complexe travail interne des blockchains. Ce chapitre vous aide aussi à établir les crypto-comptes basiques dont vous aurez besoin dans les prochains chapitres.

Entrer dans la blockchain Bitcoin

La blockchain Bitcoin est l'une des plus importantes et puissantes blockchains au monde. Elle a été créée principalement pour envoyer du bitcoin, la crypto-monnaie. Donc, naturellement, pour créer un message dans la blockchain Bitcoin, vous devez envoyer des bitcoins d'un compte à un autre.

Lorsque vous envoyez des bitcoins d'un compte à un autre, un historique de transaction est inscrit dans la blockchain Bitcoin. Une fois qu'une transaction a été inscrite, elle ne peut être effacée – votre message sera présent aussi longtemps que le bitcoin existera. Ce concept de permanence est puissant – c'est la caractéristique la plus importante de toute blockchain.

Vous avez de multiples moyens d'ajouter de cours messages dans vos transactions, mais parfois ces méthodes ne produisent pas toujours des messages facilement lisibles. Dans cette section, j'expliquerai comment créer un message directement dans la transaction bitcoin.

Incorporer la donnée dans l'adresse bitcoin assure qu'elle sera facilement lisible. Vous pouvez le faire en utilisant une *vanity address* bitcoin. Pensez à cette adresse comme étant une plaque d'immatriculation d'un véhicule. Vous pouvez obtenir des *vanity addresses* à six lettres gratuitement ; au-delà, elle sera payante. Plus l'adresse est longue, plus elle est coûteuse.

Dans ce projet, vous créez deux portefeuilles bitcoin, ajoutez des fonds à l'un d'entre eux, obtenez une vanity address, et envoyez un petit bitcoin entre vos comptes.

Si vous possédez déjà un portefeuille bitcoin avec des fonds dedans, vous pouvez passer la première section et utiliser ce portefeuille.

Créer un premier portefeuille bitcoin

Une adresse de portefeuille bitcoin est composée de 32 caractères uniques. Cela vous permet d'envoyer et de recevoir des bitcoins. Votre clé privée est un code secret associé à votre adresse bitcoin, prouvant ainsi que vous êtes le propriétaire des bitcoins liés à cette adresse.

N'importe qui connaissant votre clé privée peut dépenser vos bitcoins, alors ne la partagez jamais.

Votre premier portefeuille bitcoin doit être lié à une carte de crédit ou à un compte bancaire. Je recommande d'utiliser l'un des portefeuilles suivants :

- » Coinbase (www.coinbase.com)
- » Xapo (www.circle.com)

Pour configurer votre premier portefeuille, allez simplement à l'une de ces deux adresses et créez un compte. Cela ne prend que quelques minutes. Lorsque vous avez votre compte ouvert, ajoutez un peu d'argent pour pouvoir tester : 5 € est un bon point de départ.

Créer un second portefeuille bitcoin

Pour recevoir le bitcoin que vous allez envoyer, vous avez besoin de créer un second portefeuille bitcoin, n'utilisez pas un portefeuille Circle ou Coinbase, ils n'ont pas les fonctionnalités nécessaires pour faire ceci.

Le portefeuille bitcoin le plus simple à utiliser pour ce projet est le portefeuille blockchain.info.

Suivez ces quatre étapes pour le créer :

1. **Allez sur le site blockchain.info** (www.blockchain.info).
2. **Cliquez sur Portefeuille.**
3. **Cliquez sur Créer un portefeuille.**
4. **Entrez votre adresse mail et votre mot de passe.**

Générer une vanity address bitcoin

Avoir une vanity address bitcoin revient à avoir une plaque d'immatriculation personnalisée pour votre véhicule. C'est une adresse bitcoin qui contient une chaîne de nombres ou de lettres qui vous est propre. La vanity address est optionnelle, mais est une manière amusante de voir votre message dans Bitcoin. Il y a de multiples façons de créer une vanity address de portefeuille bitcoin. Ma préférée est

BitcoinVanityGen.com. Pour créer une vanity address en utilisant BitcoinVanity-Gen.com, suivez ces sept étapes :

1. **Allez sur le site BitcoinVanityGen.com** (www.bitcoinvanitygen.com).

2. **Entrez six lettres dans le champ Type Letters.**

   Bitcoin n'autorise que des messages courts et votre vanity address maquillera le contenu de votre message, que vous pouvez facilement lire dans Bitcoin.

   Choisissez quelque chose de cool, car vous pouvez réutiliser votre adresse à n'importe quel moment une fois qu'elle est créée.

3. **Cliquez sur le bouton Generate.**

4. **Cliquez sur Email.**

5. **Entrez votre adresse email.**

   BitcoinVanityGen.com vous envoie un email lorsque votre vanity address aura été trouvée.

6. **Cliquez sur le lien dans l'email de BitcoinVanityGen.com.**

   Vous recevrez alors votre nouvelle vanity address ainsi que la clé privée associée à l'adresse.

7. **Copiez votre adresse et clé privée, et gardez-les dans un endroit sûr.**

Ne communiquez jamais vos clés privées ! Sauvegardez vos clés privées et publiques dans un endroit sûr. Utilisez votre clé publique pour recevoir ou envoyer des bitcoins (vous pouvez communiquer vos clés publiques autant que vous le voulez.) La clé privée est la clé actuelle pour vos bitcoins. Si votre clé privée est perdue ou volée, vous avez perdu vos bitcoins pour toujours.

Les crypto-monnaies ne pardonnent rien. Commencez avec de petits montants d'argent lorsque vous apprenez à utiliser ces systèmes.

Transférer vos vanity addresses

Dans cette section, vous transférez votre vanity address à un portefeuille. La transférer vous permettra de gérer votre adresse, et d'envoyer et de recevoir des bitcoins simplement. Suivez ces quatre étapes pour vous lancer :

1. **Connectez-vous à votre portefeuille blockchain.info (voir « Créer un second portefeuille bitcoin », plus tôt dans ce chapitre).**

   La Figure 3.1 montre la page de configuration de blockchain.info.

2. **Cliquez sur Settings puis sur Addresses.**
3. **À côté d'Imported Addresses, cliquez sur Manage Addresses.**

   La capture d'écran de la Figure 3.1 apparaît.

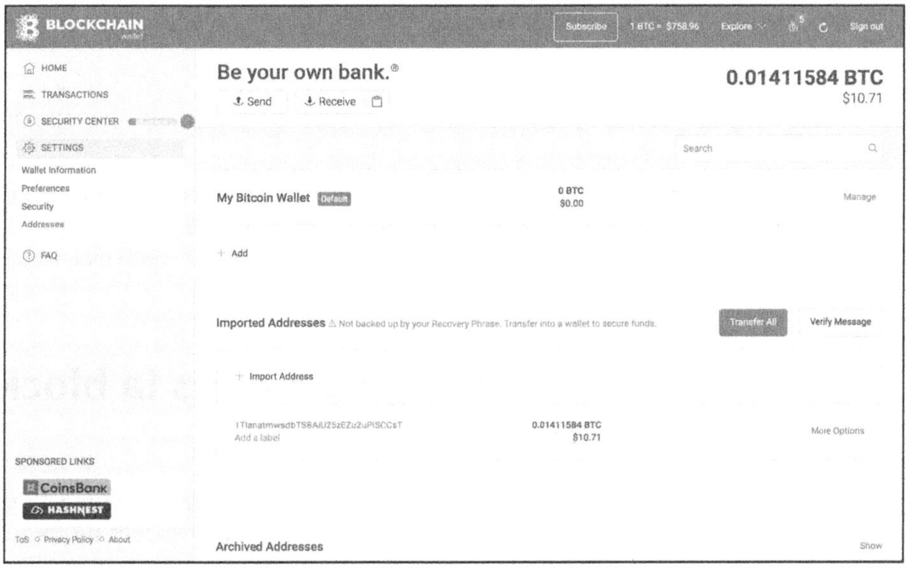

FIGURE 3.1 La page de configuration de blockchain.info.

4. **Cliquez sur Import Address, entrez votre clé privée, et cliquez sur Import.**

Vous avez maintenant créé une adresse qui permet à n'importe qui de lire votre vanity address lorsque vous envoyez ou recevez des bitcoins.

Inscrire quelque chose dans la blockchain Bitcoin

Maintenant que vous avez deux portefeuilles bitcoin, vous pouvez inscrire quelque chose dans la blockchain Bitcoin. Vous effectuez cela en envoyant des bitcoins entre les deux portefeuilles. Voici comment (cela peut varier en fonction des portefeuilles, mais cela est l'idée générale) :

1. **Connectez-vous sur le premier portefeuille qui détient vos fonds initiaux (voir « Créer votre premier portefeuille bitcoin », plus tôt dans ce chapitre).**

   Vous êtes invité à rentrer le destinataire.

2. **Naviguez jusqu'à la page où vous pouvez envoyer de l'argent, et copiez-collez votre vanity address (voir « Générer une vanity address ») dans le champ d'email.**

3. **Entrez un petit montant d'argent que vous voudriez envoyer, et cliquez ensuite sur Envoyer.**

Félicitations ! Vous venez tout juste d'envoyer votre premier message permanent ! Vous avez inscrit à tout jamais votre message dans l'histoire du bitcoin.

Une transaction bitcoin prend en général dix minutes pour être confirmée, mais peut parfois prendre plusieurs heures. Plus le montant de la transaction est élevé, plus vous devrez attendre. Une transaction non confirmée n'est pas encore inscrite dans la blockchain et est toujours réversible.

Lire une inscription dans la blockchain Bitcoin

Dans la section précédente, je montre comment créer un petit message permanent dans Bitcoin. Les données dans la blockchain Bitcoin ne sont pas encryptées, car elles doivent être validées par les nœuds. Cela veut dire qu'il sera facile de retrouver le message que vous avez créé dans le projet précédent.

Si vous venez d'effectuer le transfert de bitcoins entre vos deux portefeuilles, attendez 10 à 15 minutes avant de suivre ces étapes :

1. **Allez sur le site blockchain.info** (www.blockchain.info).

2. **Entrez votre vanity address dans le champ de recherche et pressez Entrer.**

   La page de transaction apparaît.

C'est tout ce dont vous avez besoin pour retrouver votre transaction et lire le message que vous avez créé dans l'adresse.

Utiliser des contrats intelligents dans Bitcoin

Un contrat intelligent est un programme autonome qui peut effectuer des décisions financières. Le monde de la blockchain est fasciné par les contrats intelligents car ils sont à la fois incroyables mais terrifiants dans leurs implications sur la manière dont l'économie mondiale opère.

En termes simples, un contrat intelligent est un contrat qui a été traduit en code et construit avec des conditions « if-then » complexes. Le contrat peut vérifier lui-même que certaines conditions sont respectées pour exécuter le contrat. Cela fonctionne en extrayant des données vérifiées à partir de sources extérieures. Les contrats intelligents peuvent également s'exécuter eux-mêmes en débloquant des données de paiement ou d'autres types de données. Ils peuvent être construits autour de différents types d'idées et ne sont pas nécessairement d'ordre financier. Les contrats intelligents peuvent faire tout cela tout en restant antieffraction *via* un contrôle extérieur.

La technologie blockchain a permis aux contrats intelligents d'exister, car ils offrent cette performance et cette résistance à la corruption qui étaient auparavant fournies par le papier et le crayon, et une autorité de contrôle reconnue. Les contrats intelligents sont une révolution dans la manière dont nous faisons du commerce. Ils s'assurent qu'un contrat sera exécuté tel qu'il a été écrit. Pas besoin d'autorité de contrôle extérieure. La blockchain agit comme intermédiaire et autorité de contrôle.

Les contrats intelligents sont très importants car lorsqu'une machine commence à exécuter un contrat, il devient difficile voire impossible de le défaire. Cela fait également apparaître la nature importante de ces instruments qui ne peut être négligée et ma première loi de contrat intelligent est : *Qui contrôle la donnée, contrôle le contrat.* Tout contrat intelligent vérifie une source de données extérieure pour prouver les performances et délivrer le paiement à la partie en question.

Malgré le fait que les contrats intelligents soient une nouvelle technologie révolutionnaire, ils ne peuvent pas interpréter l'intention des différentes parties impliquées dans le contrat. Les contrats légaux dans notre société reposent sur des personnes qui interprètent ce que les différentes parties qui signent un contrat voulaient dire. Les ordinateurs (du moins pour l'instant) ne comprennent que le code, pas les intentions des différentes parties au contrat.

Construire votre premier smart bond

Un *smart bond* est un type de contrat intelligent qui peut détenir et délivrer un objet de valeur tout seul, tout en contrôlant les paiements dans de nombreuses devises qui utilisent des flux de données sur les prix au comptant. Beaucoup de différents types de contrats intelligents existent, et de nouveaux sont créés chaque jour.

Suivez ces étapes pour construire votre premier *smart bond* :

1. **Allez sur le site SmartContract** (www.smartcontract.com).
2. **Cliquez sur Sign Up.**

   La page d'inscription apparaît.
3. **Entrez une adresse email et un mot de passe et cliquez sur Create An Account.**

   SmartContract vous envoie un email avec un lien de confirmation.
4. **Cliquez sur le lien qui vous a été envoyé par SmartContract pour vérifier votre compte et connectez-vous.**
5. **Cliquez sur Create Contract.**
6. **Cliquez sur l'onglet Smart Bond (voir Figure 3.2).**

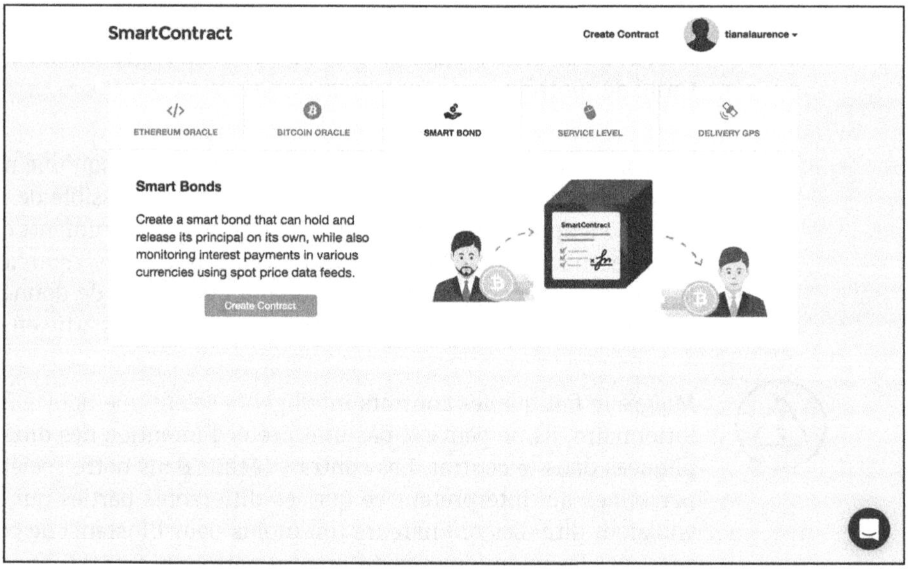

FIGURE 3.2 L'onglet Smart Bond.

7. **Cliquez sur le bouton Create Contract.**

8. **Cliquez sur l'onglet Smart Terms.**

   Les contrats intelligents vérifient une source de données extérieure pour valider la performance du contrat et déclenchent le paiement. Vous choisissez ici les conditions qui déclencheront votre contrat intelligent.

9. **Choisissez le contrôle de performance.**

   Le contrôle de performance regardera si une action a été effectuée en dehors du contrat. Dans votre cas, ce sera le mouvement de vos fonds d'un compte à l'autre.

10. **Dans le champ If Payment To, entrez une de vos adresses bitcoin (créée plus tôt dans ce chapitre).**

11. **Dans le champ Is, entrez un petit montant en dollar que vous voudriez transférer d'une adresse bitcoin à une autre.**

12. **Dans le champ By Expiration Date, entrez une date ultérieure au jour en cours.**

    Cela conFigure les paramètres que le contrat utilisera pour contrôler les sources extérieures.

13. **Cliquez sur l'onglet Description (voir Figure 3.3).**

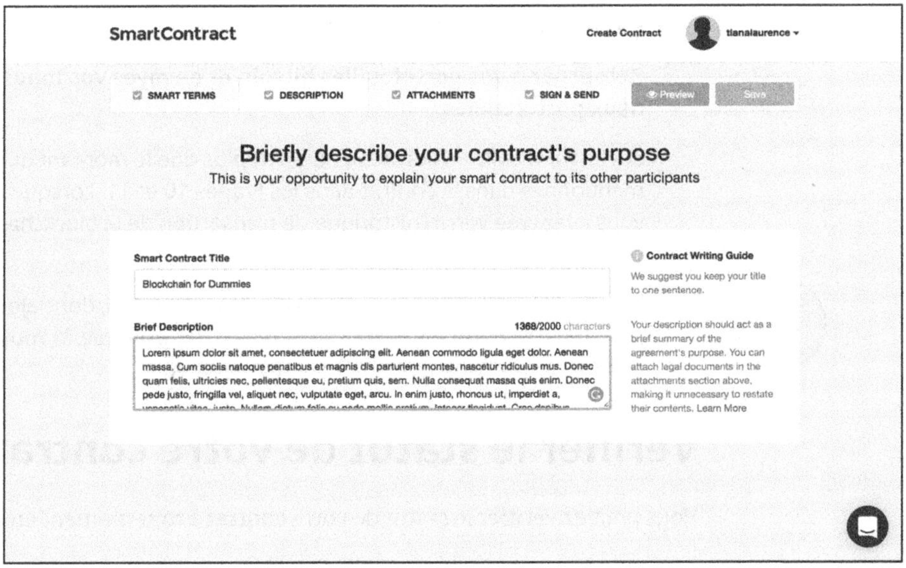

FIGURE 3.3
L'onglet Description.

14. **Dans le champ Smart Contract Title, entrez le nom de votre contrat intelligent.**

15. **Dans le champ Brief Description, entrez – vous l'avez deviné ! – une description du contrat.**

    La description devrait agir tel un bref résumé du but des agréments. Vous pouvez aussi y attacher un document légal ou autre type de donnée, comme une image.

16. **Cliquez sur la section Attachments.**

    Les contrats intelligents sont une nouvelle technologie et, de fait, des imprévus peuvent survenir. C'est mieux d'y attacher seulement des choses qui ne sont pas importantes et que vous êtes d'accord de rendre publiques.

17. **Cliquez sur Attach Documents.**

    Vous pouvez y attacher une image ou un PDF.

18. **Cliquez sur l'onglet Sign & Send.**

19. **Dans le champ Address, entrez votre adresse email pour vous envoyer le contrat également.**

20. **Cliquez sur le bouton Finalize Contract.**

    Maintenant, votre contrat surveillera la blockchain Bitcoin qui vérifiera si vous envoyez des fonds à l'adresse de portefeuille bitcoin que vous avez soumise auparavant.

21. **Retournez à vos portefeuilles bitcoin et envoyez vos fonds entre ces deux portefeuilles.**

    Soyez sûr d'utiliser l'adresse et un peu plus que le montant que vous avez mentionnés dans le contrat dans les Étapes 10 et 11. Lorsque le contrat que vous avez créé verra l'historique de transaction de la blockchain Bitcoin, vous serez contacté par email.

    Le réseau Bitcoin prendra une part de la transaction, donc ajoutez-y un peu plus afin d'honorer les termes du contrat. Par exemple, si vous paramétrez le contrat à 5 $, envoyez 5,15 $ juste pour être sûr.

Vérifier le statut de votre contrat

Vous pouvez vérifier le statut de votre contrat à tout moment en suivant ces étapes :

1. **Connectez-vous à votre compte SmartContract.**

2. **Allez au Tableau de bord de votre contrat.**

   Après que votre transaction a été complétée, le contrat sera noté comme complété également. Le statut de votre contrat est localisé en dessous du tableau de bord du contrat.

Donnez au réseau Bitcoin 10 à 15 minutes pour effectuer votre transaction avant d'en vérifier le statut.

Créer une blockchain privée avec Docker et Ethereum

Les blockchains privées promettent d'avoir le bénéfice d'une base de données privée et la sécurité d'une blockchain. Cette idée est séduisante pour deux raisons :

- **Les blockchains privées sont idéales pour les développeurs, car elles leur permettent de tester des idées sans utiliser de cybermonnaies.** Les idées des développeurs peuvent également rester secrètes, car les données n'ont pas été publiées publiquement.
- **Les grosses institutions peuvent capitaliser sur la sécurité et la permanence de la technologie blockchain sans que leurs transactions ne soient publiques comme elles le sont dans les blockchains traditionnelles.**

La majeure partie de ce livre suppose que vous venez tout juste d'entendre parler de la blockchain et n'avez que peu ou pas de connaissances en développement, mais cette section requiert des connaissances de GitHub, Docker, et dans l'utilisation du terminal de votre ordinateur. Si vous avez besoin d'un rapide récapitulatif en développement avant de vous y plonger, je recommande *Coding For Dummies* de Nikhil Abraham (Wiley) pour une bonne vue d'ensemble du développement pour les personnes non techniciennes. Si vous ne souhaitez pas pratiquer la technologie blockchain, vous pouvez passer le reste de ce chapitre.

Dans cette section, vous allez plonger dans la construction de votre première blockchain. Vous la construisez en deux étapes. La première est de préparer votre ordinateur à créer une blockchain privée. Ne vous inquiétez pas – c'est simplifié grâce aux outils de Docker et le travail des développeurs talentueux de GitHub. La deuxième étape est de créer votre blockchain dans le terminal Docker.

Préparer votre ordinateur

Vous devez télécharger un programme sur votre ordinateur afin de pouvoir essayer ce projet blockchain. Commencez par télécharger la Toolbox Docker. Allez sur www.docker.com/toolbox pour télécharger la version compatible avec votre système d'exploitation.

Ensuite, téléchargez GitHub Desktop. Allez sur http://desktop.github.com. Après avoir installé GitHub Desktop, créez un compte GitHub sur www.github.com en cliquant sur Sign Up et en entrant un nom d'utilisateur, une adresse email, et un mot de passe, pour ensuite cliquer sur le bouton GitHub Sign Up.

Il vous faut maintenant créer un endroit pour stocker vos données blockchain. Créez un fichier sur le bureau de votre ordinateur appelé *Ethereum*. Vous utiliserez ce dossier pour y mettre vos futurs répertoires et autres fichiers. Suivez ces étapes pour compléter le processus :

1. **Ouvrez GitHub Desktop.**
2. **Inscrivez-vous sur l'application GitHub Desktop de votre ordinateur avec votre nouveau compte GitHub.**
3. **Retournez sur votre navigateur et allez sur www.github.com/Capgemini-AIE/ ethereum-docker.**

   Vous voyez alors la page de la Figure 3.4.
4. **Cliquez sur le bouton Clone or Download.**

   Vous aurez alors deux choix : Ouvrir dans Desktop ou Download Zip (voir Figure 3.5).
5. **Sélectionnez l'option Open in Desktop. L'application GitHub Desktop s'ouvrira à nouveau. Dans l'application GitHub Desktop, naviguez jusqu'au fichier** *Ethereum* **et cliquez sur Clone**.

Cloner depuis GitHub copie les informations dont vous avez besoin pour créer votre nouvelle blockchain. Suivez les étapes dans les prochaines sections pour commencer à créer votre première blockchain privée.

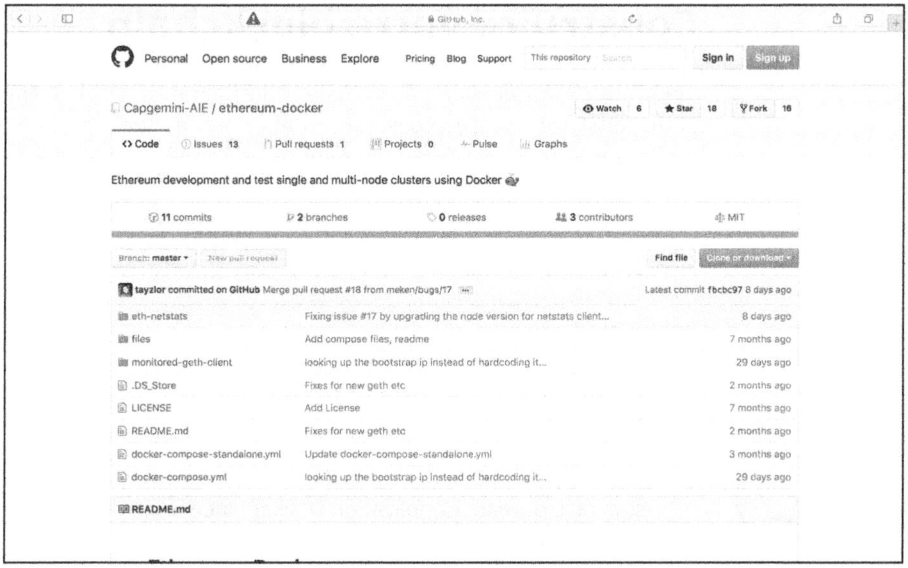

FIGURE 3.4
Naviguez vers cette page GitHub.

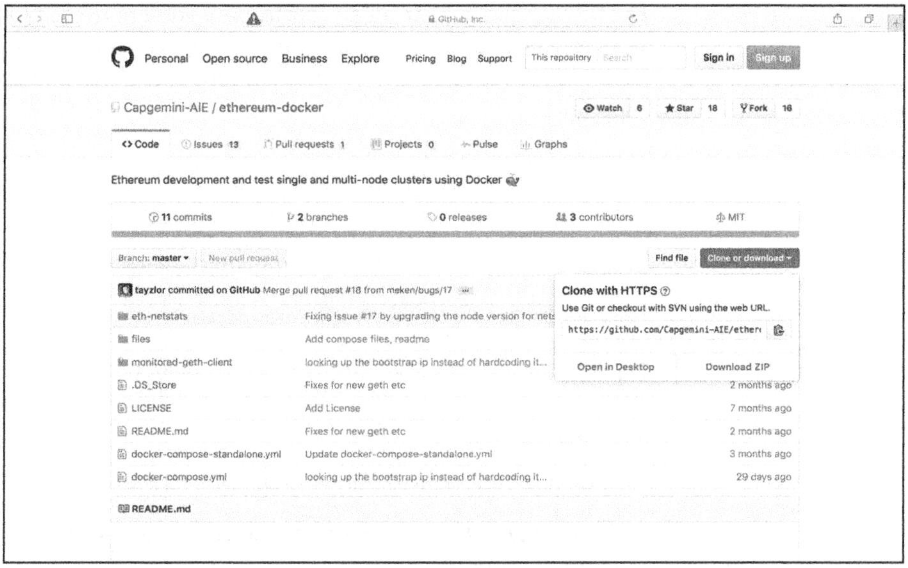

FIGURE 3.5
Ouverture dans GitHub depuis le Desktop.

Construire votre blockchain

Vous allez commencer par utiliser l'outil gratuit Docker Quick Start Terminal pour construire votre blockchain. Cela vous donne l'accès à une machine virtuelle, raccourcissant le temps requis pour configurer et déboguer votre système. Ces fonctionnalités vous permettent de créer un environnement stable pour votre blockchain, vous n'avez donc pas à vous occuper des réglages de votre machine, et vous pouvez commencer plus rapidement.

Suivez ces étapes :

1. **Lancez Docker sur votre ordinateur en utilisant Docker Quick Start Terminal.**

   Le Docker Quick Start Terminal devrait être localisé avec votre application ou sur votre bureau. L'application Docker lance un terminal que vous utiliserez pour construire votre blockchain privée.

2. **Changez le répertoire dans le terminal pour** *ethereum*.

   Ces fichiers que vous créez en construisant votre nouvelle blockchain iront dans le fichier sur votre bureau que vous avez créé dans la précédente section. Vous devez saisir une commande dans le terminal afin de changer de répertoire.

   Si vous êtes sur Mac ou utilisez Linux, entrez la commande suivante :

   ```
   cd ~ /Desktop/ethereum/ethereum-docker/
   ```

   Si vous êtes sur un PC, entrez la commande suivante :

   ```
   cd ~ \Desktop\ethereum\ethereum-docker\
   ```

   Si par hasard ces commandes ne fonctionnaient pas, recherchez sur Internet des tutoriels qui vous expliqueront comment changer de répertoire pour votre système.

   Maintenant, vous pouvez utiliser les fichiers Ethereum-Docker.

3. **Créez un nœud Ethereum autonome en entrant la commande suivante sur votre terminal :**

   ```
   docker-compose -f docker-compose-standalone.yml up -d
   ```

   Cette seule ligne de code aura créé comme suit :

   - un conteneur Ethereum initialisé ;

- un conteneur Ethereum qui se connecte au conteneur initialisé ;
- un conteneur Netstats avec une interface utilisateur Web pour voir l'activité dans le groupe.

4. **Jetez un œil à votre nouvelle blockchain en ouvrant une page Web à l'adresse suivante :** http://$(docker-machine ip default):3000.

Félicitations ! Vous avez construit votre propre blockchain privée. Si vous en sentez réellement le besoin, remerciez Graham Taylor et Andrew Dong, qui ont passé beaucoup de temps à créer l'intégration d'Ethereum-Docker.

II

Développer vos connaissances

DANS CETTE PARTIE :

Découvrez le commencement de la technologie blockchain avec la blockchain Bitcoin.

Clarifiez vos connaissances du réseau Ethereum, et étendez votre compréhension des organisations autonomes décentralisées et des contrats intelligents.

Identifiez les concepts principaux du réseau Ripple et comment il échange presque n'importe quel type de valeur instantanément.

Évaluez la blockchain Factom et sa capacité à sécuriser données et systèmes.

Plongez dans la blockchain super rapide DigiByte, et prenez conscience de certaines applications amusantes en construction autour de la technologie blockchain.

Chapitre 4
Découvrir la blockchain Bitcoin

DANS CE CHAPITRE :

- **Comprendre l'origine de la blockchain Bitcoin**
- **Dépoussiérer certains mythes sur Bitcoin**
- **Sécuriser votre utilisation de bitcoins**
- **Miner des bitcoins**
- **Construire un portefeuille papier pour contenir vos bitcoins**

Attention ! Après avoir lu ce chapitre, vous allez probablement être fasciné par cette technologie cool et émergente. Lisez à vos risques et périls.

Le Bitcoin démontre les aspects les plus purs de la technologie blockchain. C'est la ligne de base à laquelle toutes les autres blockchains se comparent et la structure de laquelle elles ont presque toutes tiré parti. Connaître les bases du fonctionnement de la blockchain Bitcoin va vous permettre de mieux comprendre toutes les nouvelles technologies que vous allez rencontrer dans cet écosystème.

Dans ce chapitre, je vais vous enseigner les fondamentaux du fonctionnement de la blockchain Bitcoin. J'offre des conseils de sécurité qui vont adoucir votre expérience avec le Bitcoin et la rendre plus fructueuse. Je vous montrerai également des choses pratiques que vous pourrez commencer à faire maintenant avec le Bitcoin. Dans ces pages, vous trouverez comment miner des tokens bitcoin, vous donnant un nouveau moyen de vous approprier des bitcoins sans avoir à en acheter. Finalement, vous découvrirez comment transférer vos tokens sur des portefeuilles papier, et d'autres moyens pratiques pour garder vos tokens en sécurité en ligne.

Un bref historique de la blockchain Bitcoin

Le Bitcoin et le principe de sa blockchain ont été introduits pour la première fois à l'automne 2008 sous la forme d'un livre blanc, et publié plus tard en tant que logiciel open source en 2009. (Vous pouvez lire le livre blanc Bitcoin en allant sur www.bitcoin.org/bitcoin.pdf).

L'auteur qui a introduit le Bitcoin en 2008 *via* son livre blanc est un programmeur inconnu ou une cohorte travaillant sous le nom de Satoshi Nakamoto. Nakamoto a collaboré avec de nombreux développeurs open source sur le Bitcoin jusqu'en 2010. Cet individu ou groupe a depuis arrêté son implication dans le projet et en a transmis le contrôle à de remarquables développeurs Bitcoin. Il y a eu de nombreuses allégations et théories concernant l'identité de Nakamoto, mais aucune d'entre elles n'a encore été confirmée.

Toujours est-il que ce que Nakamoto a créé un système de paiement pair-à-pair extraordinaire qui permet aux utilisateurs d'envoyer des bitcoins, le token de transfert de valeur, directement et sans intermédiaire pour lier les deux parties responsables. Le réseau agit lui-même comme un intermédiaire en vérifiant les transactions et en assurant que personne n'essaie de tromper le système en dépensant deux fois ses bitcoins.

Le but de Nakamoto était de combler le grand vide dans la confiance digitale, et le concept de la blockchain était sa réponse. Cela résout le problème des généraux byzantins, qui est l'ultime problème humain, spécialement en ligne : Comment faire confiance dans l'information qui vous est donnée et les personnes qui vous donnent cette information, lorsque des personnes tierces malicieuses œuvrant pour leur propre intérêt, et d'autres... peuvent vous tromper ? De nombreux enthousiastes du bitcoin sentent que cette technologie blockchain est la pièce manquante qui permettra aux sociétés d'opérer entièrement en ligne, car elle réinstaure la confiance en enregistrant des informations pertinentes dans un espace public qui ne peut pas être supprimé et peut toujours être utilisé en référence, rendant les déconvenues plus rares.

Les blockchains mixent de nouvelle manière de nombreuses anciennes technologies que la société a utilisées pendant des siècles. Par exemple, la cryptographie et les paiements sont mixés pour créer les crypto-monnaies. La cryptographie est l'art de la communication sécurisée sous l'œil de tiers. Le paiement *via* token représentant des valeurs est également quelque chose que les humains utilisent depuis longtemps, mais une fois mixé, cela crée des crypto-monnaies et devient totalement nouveau. La crypto-monnaie vous permet de saisir le concept d'argent en ligne, avec la possibilité de négocier de la valeur *via* un token de manière sécurisée.

Les blockchains incorporent également le *hachage* (transformer de la donnée de n'importe quelle taille en plus petit, en ayant une valeur de longueur fixe). Le hachage incorpore également une vieille technologie appelée arbres de Merkle, qui prend plusieurs hashs et les presse en un seul hash, tout en étant toujours capable de certifier chaque pièce de donnée qui a été individuellement hachée (voir Figure 4.1).

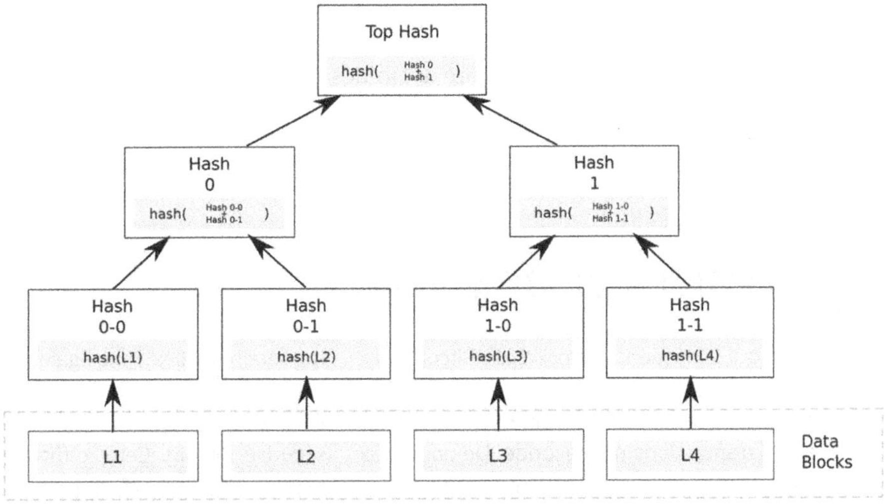

FIGURE 4.1
Arbre de Merkle.

En définitive, les blockchains sont des livres comptables, que la société a utilisés pendant des milliers d'années pour conserver ses comptes financiers. Lorsque ces anciens modèles sont mélangés et facilités en ligne dans une base de données, ils deviennent révolutionnaires.

Le Bitcoin était principalement conçu pour envoyer la crypto-monnaie bitcoin. Mais rapidement, les créateurs ont réalisé qu'il avait un potentiel beaucoup plus large. En ayant cela à l'esprit, ils ont construit la blockchain Bitcoin afin de pouvoir enregistrer plus que la donnée concernant le mouvement de tokens. La blockchain

Bitcoin est la plus vieille, et l'une des plus grandes blockchains dans le monde. Elle est composée de milliers de nœuds qui font fonctionner le protocole Bitcoin. Le protocole crée et sécurise la blockchain.

En termes simples, la blockchain est un registre de toutes les transactions dans le réseau Bitcoin, et les nœuds sont des ordinateurs qui inscrivent ces transactions dans ce registre. Le protocole Bitcoin est le lot de règles qui gouvernent ce système.

Les nœuds sauvegardent le réseau en minant la cybermonnaie bitcoin. De nouveaux bitcoins sont créés en récompense du traitement de ces transactions et de l'inscription de ces dernières dans la blockchain. Les nœuds gagnent également une faible commission en confirmant ces transactions.

N'importe qui peut exécuter le protocole Bitcoin et miner le token. C'est un projet open source qui prospère si de plus en plus d'individus participent au réseau. Moins il y a de personnes qui participent, plus cela devient centralisé – et la centralisation affaiblit le système. La première chose qui fait du Bitcoin un système sécurisé est le nombre de nœuds indépendants qui sont globalement distribués.

LES LIMITES DE BITCOIN

Les blocs qui fabriquent la blockchain Bitcoin sont limités à une taille de 1 MB. Cela limite le nombre de transactions que la blockchain Bitcoin peut gérer à sept transactions par seconde. De nouveaux blocs apparaissent en moyenne toutes les 10 minutes, mais ne sont pas garantis.

Ces limitations sont codées en dur dans le protocole Bitcoin et aident à s'assurer que réseau reste décentralisé. Et la décentralisation est la force du bitcoin. De plus gros blocs imposeraient une plus grosse épreuve pour les mineurs et repousseraient les petites opérations.

Le bitcoin a des limitations intégrées qui empêchent de gérer un volume global de transactions monétaires. Elles sont également destinées à sécuriser d'autres types de données et de systèmes. Il y a une forte demande d'utilisation du registre sécurisé Bitcoin. Cette difficulté est ce qu'on appelle le Bitcoin Bloat, et cela a ralenti le réseau et augmenté le coût des transactions.

À ce stade, la plupart des développeurs blockchain expérimentent seulement en étendant l'utilité de la blockchain Bitcoin. La plupart ne sont pas au point où ils ont besoin d'augmenter leurs prototypes et concepts pour que la blockchain Bitcoin puisse gérer leur requête. D'autres technologies blockchain ont permis de faire descendre la pression sur le bitcoin et ont offert d'autres options moins coûteuses de sécurisation des données.

Les mineurs qui ont le plus de succès sont ceux qui ont des systèmes qui surpassent ceux des mineurs plus lents. Plus tôt dans son histoire, vous pouviez exécuter le protocole Bitcoin et gagner des bitcoins sur votre ordinateur de bureau. Maintenant, pour pouvoir espérer un jour recevoir des bitcoins, vous devez acheter des équipements spécialisés et coûteux ou utiliser un service cloud.

Afin de pouvoir créer un message dans la blockchain Bitcoin, vous devez envoyer des bitcoins d'un compte à un autre. Lorsque vous envoyez une transaction dans Bitcoin, le message est diffusé à travers tout le réseau. Une fois que le message est envoyé, il est impossible de l'altérer, car le message est enregistré à l'intérieur de la blockchain Bitcoin. Cette fonctionnalité rend impératif le fait de toujours choisir votre message judicieusement et de ne jamais diffuser d'informations sensibles.

Diffuser le même message à des milliers de nœuds et ensuite le sauvegarder pour toujours dans le registre du token peut l'amplifier rapidement. Donc, le Bitcoin requiert que vous privilégiiez de très courtes communications. La limite actuelle est de seulement 40 caractères.

TANDIS QUE LE MONDE TOURNE : LE DRAME DU BITCOIN

Il y a un conflit assez significatif sur le développement principal du Bitcoin. Baptisé la guerre civile du bitcoin ou le débat sur la taille limite d'un bloc, le conflit général reste entre garder le Bitcoin tel quel ou élargir les fonctionnalités du logiciel. Ce conflit paraît simple, mais les répercussions sont énormes. La nature permanente du Bitcoin et les milliards de dollars en actifs que le logiciel Bitcoin sécurise signifient que toute modification du code est rigoureusement revue et débattue.

Au-delà du conflit interne, le Bitcoin est également placé sous un intense examen minutieux depuis l'extérieur. La nature décentralisée du Bitcoin, qui peut remplacer les autorités centrales, en fait une cible de choix pour les régulateurs. Le Bitcoin est également préféré par des personnes voulant acheter des biens illicites anonymement ou déplacer de l'argent depuis une économie contrôlée à une économie non contrôlée, contournant le contrôle gouvernemental. Tous ces facteurs ont asséné un mauvais coup au Bitcoin et ont altéré son image. Les entrepreneurs qui voulaient capitaliser sur la technologie Bitcoin ont reconsidéré leur choix. Le changement dans la terminologie a été utilisé pour différencier la structure du logiciel Bitcoin des autres crypto-monnaies. Le logiciel qui utilise la structure des crypto-monnaies a commencé à être appelé *blockchain*. Le décalage pour souligner les tokens controversés et surligner la structure des crypto-monnaies a transféré le point de vue des gouvernements et des commerciaux sur le Bitcoin de la peur à l'excitation.

Le Bitcoin est un système vivant et changeant continuellement. La principale communauté de développement du Bitcoin cherche activement des moyens d'améliorer le système en le rendant plus fort et plus rapide. N'importe qui peut contribuer au protocole Bitcoin en s'engageant sur sa page GitHub (www.github.com/bitcoin). Cependant, il y a une petite communauté dominante des principaux développeurs Bitcoin. Les contributeurs les plus prolifiques sont Wladimir van der Laan, Pieter Wuille, et Gavin Andresen.

Discréditer quelques idées – fausses - sur le Bitcoin

Les gens sont souvent suspicieux avec tout ce qui est nouveau, spécialement avec de nouvelles choses qui sont difficiles à comprendre. Donc, il est naturel que le Bitcoin – une monnaie totalement nouvelle et différente de tout ce que le monde a vu auparavant – déconcerte les gens, et que quelques fausses idées en résultent.

Voici quelques-unes des fausses idées que vous pourrez entendre sur Bitcoin :

- **Bitcoin a été hacké.** Il n'y a jamais eu d'attaques réussies sur la blockchain Bitcoin avec pour résultat des bitcoins volés. Cependant, beaucoup de systèmes centraux utilisant le Bitcoin ont été hackés. Et les portefeuilles et échanges bitcoin sont souvent hackés du fait d'une sécurité inadéquate. La communauté Bitcoin a répondu en développant d'élégantes solutions pour garder leur monnaie en sécurité, incluant de l'encryptage de portefeuille, de multiples signatures, des portefeuilles hors ligne, des portefeuilles papier, et des portefeuilles hardware pour n'en citer que quelques-uns.
- **Bitcoin est utilisé pour extorquer des personnes.** De par la nature semi-anonyme du Bitcoin, il est utilisé dans des attaques à rançons. Les hackers créent des brèches dans les réseaux et les gardent en otage jusqu'à ce le paiement leur soit effectué. Des hôpitaux et des écoles ont été victimes de ce type d'attaques. Cependant, contrairement à l'argent liquide, qui était le favori des voleurs dans le passé, les bitcoins laissent toujours une trace dans la blockchain que les enquêteurs peuvent suivre.
- **Bitcoin est un système pyramidal.** Le Bitcoin est en fait l'inverse d'un système pyramidal du point de vue des mineurs bitcoins. Le protocole Bitcoin est construit comme une course cannibale. Chaque nouveau mineur incite le protocole à augmenter la difficulté du minage. D'un point de vue social, le

bitcoin est un vrai marché. Le prix du bitcoin fluctue en fonction de l'offre et de la demande du marché et de la valeur perçue.

- **Bitcoin va s'effondrer après que les 21 millions de bitcoins seront minés.** Le Bitcoin a un nombre limité de tokens qui sortiront. Ce nombre est codé dans le dur à 21 millions. On estime la date à laquelle le dernier bitcoin sera créé à l'an 2140. Personne ne peut prédire ce qu'il se passera à ce moment-là, mais les mineurs gagneront toujours des commissions sur les transactions. De plus, les utilisateurs de la blockchain et du bitcoin lui-même seront encouragés à protéger le réseau, car si le minage s'arrête, le bitcoin devient vulnérable, tout comme les données qui sont gravées dans cette blockchain.
- **Assez de puissance informatique pourrait prendre le contrôle sur le réseau Bitcoin.** Cela est vrai, mais cela serait extrêmement difficile, avec peu, voire pas de récompense à la clé. Plus il y a de nœuds qui entrent dans le réseau Bitcoin, plus ce type d'attaques devient difficile. Afin d'y arriver, l'attaquant aurait besoin de l'équivalent de toute la production d'énergie de l'Irlande. La rémunération de ce genre d'attaques est également extrêmement limitée. Cela permettrait seulement à l'attaquant de retirer ses propres transactions. Il ne pourrait pas prendre les bitcoins de quelqu'un d'autre, ou émettre de fausses transactions ou pièces.
- **Le bitcoin est un bon investissement.** Le bitcoin est une nouvelle et intéressante évolution de la manière dont les personnes échangent de la valeur. Il n'est pas contrôlé par un quelconque gouvernement ou organisation, et n'a de valeur que parce que les gens ont le moyen de l'échanger contre des biens et services. La bonne volonté et l'habilité de ces personnes à utiliser le bitcoin fluctuent énormément. C'est un investissement instable qui doit être approché avec prudence.

Bitcoin : le nouveau Far West

Le monde du bitcoin est à peu près comme les premiers jours du Far West. Il est préférable de s'y approcher avec prudence jusqu'à ce que vous sachiez qui sont les bons et les mauvais et quels saloons servent la bière la plus fraîche. Si vous êtes victime d'une escroquerie, vous n'aurez que très peu ou pas de protection.

Le Bitcoin tombe sous la définition de marchandise (*commodity*) dans la *U.S. Commodity Exchange Act* et est considéré comme monnaie dans de nombreux pays européens, mais il n'y a que très peu ou pas de surveillance.

Dans cette section, je listerai trois des escroqueries les plus communes dans le monde des crypto-monnaies. Elles tournent toutes autour du vol de vos monnaies et ressemblent beaucoup aux soucis traditionnels dont vous êtes déjà probablement familiers. Cette liste n'est pas exhaustive, et les escrocs sont créatifs, soyez donc très prudent lorsque vous utilisez des bitcoins. Vous ne savez jamais sur quoi vous pouvez tomber.

Les faux sites

Ce sont des sites Internet qui ressemblent à des plateformes d'échanges ou des portefeuilles Web, mais qui sont faux, et ont plagié certains des meilleurs sites Bitcoin. Ce genre d'escroquerie est commun dans le monde du bitcoin et dans le Web en général. Les escrocs espèrent voler les informations de connexion des utilisateurs ou les pousser à envoyer leurs bitcoins.

Toujours vérifier deux fois une adresse URL et n'utiliser seulement que celles qui sont sécurisées (celles dont l'adresse commence avec https://) afin d'éviter ce problème. Si un site ou une annonce vous semble trompeur, vérifiez s'il Figure sur badbitcoin.org (www.badbitcoin.org). Cela n'est pas une liste exhaustive, mais de nombreuses personnes malhonnêtes y sont répertoriées.

Non, vous d'abord !

« Envoyez-moi vos bitcoins, et je vous enverrai la marchandise ! ». Cela sent mauvais, n'est-ce pas ? Des escroqueries comme celles-ci sont similaires aux fraudes à l'argent. Dans ce genre de fraude, quelqu'un prétend vous vendre quelque chose, mais ne l'envoie jamais.

La nature semi-anonyme des bitcoins – combinée avec l'impossibilité de faire marche arrière – rend compliquée la récupération de votre argent. De plus, les gouvernements n'offrent actuellement pas de protection pour les transactions bitcoin, vous êtes donc bons pour cette remontée de rivière sans pagaie.

Les fraudeurs essayeront de gagner votre confiance, quitte à vous envoyer de fausses cartes d'identité ou même à se faire passer pour quelqu'un que vous connaissez. Vérifiez toujours deux fois les informations qu'ils vous envoient.

La meilleure façon d'éviter ce genre d'escroquerie est d'écouter votre instinct et de ne jamais risquer plus de bitcoins que vous n'êtes prêt à en perdre. S'il y a un moyen de vérifier l'identité de la personne en ligne, faites-le.

Les schémas « devenez rapidement riche »

D'incroyables schémas « devenez rapidement riche » prolifèrent dans le monde des crypto-monnaies. La bonne nouvelle est que c'est simple à reconnaître si vous savez quoi regarder.

Souvent, on vous promet des retours massifs sur investissement, et il y a une sorte de procédé d'endoctrinement et de recrutement. Ce procédé peut inclure des choses comme des séminaires de vente, vous demander de recruter vos amis et votre famille, et vous promettre que cet investissement ne comporte aucun risque et que vous ne perdrez jamais votre argent.

La ligne conductrice : si un schéma vous semble trop beau pour être vrai, il l'est probablement. Peu importe sa nature, regardez attentivement comment l'investissement génère de la valeur en dehors de ce que vous recevrez de cet investissement. S'il n'y a pas de raisons claires et rationnelles qu'un montant significatif de valeur soit généré, c'est une escroquerie.

Faites vérifier tous vos investissements par un avocat et un CPA. Ils peuvent vous aider à comprendre les risques et les différentes taxes que vous devrez payer.

Miner du bitcoin

Vous pouvez commencer à gagner des bitcoins de diverses façons. Miner du bitcoin est la manière d'engranger des bitcoins en participant au réseau. C'est en général géré par du matériel coûteux et spécialisé dans le minage. L'équipement nécessite également que vous connectiez votre logiciel de minage bitcoin à la blockchain et à votre *mining pool* (une collaboration de plusieurs mineurs joints pour travailler ensemble et partager les récompenses de leurs efforts).

Voici trois façons basiques pour explorer le minage de bitcoins :

» **Bitcoin-QT :** le client Bitcoin-QT est le logiciel original écrit par Satoshi Nakamoto. Vous pouvez le télécharger à https://bitcoin.org/en/download.

» **CGminer :** CGminer est l'un des logiciels de minage de Bitcoin le plus populaire. C'est un logiciel libre et disponible pour Windows, Linux, et macOS à www.github.com/ckolivas/cgminer.

» **Multiminerapp :** Multiminerapp est un client Bitcoin facile à exécuter. Vous pouvez le télécharger à www.multiminerapp.com.

Le Bitcoin est un environnement très compétitif, et à moins d'acheter un équipement spécialisé dans le minage, vous pouvez ne jamais gagner de bitcoins. Je n'approuve ou ne recommande pas d'acheter un quelconque équipement à minage dans ce livre, car l'industrie change constamment et est rapidement dépassée. Attendez-vous à payer entre 500 $ et 5 000 $ par machine en moyenne. amazon.com est un bon endroit où se renseigner. Ils ont un large catalogue et de nombreux commentaires d'utilisateurs pour vous guider.

Le minage cloud vous permet de commencer à gagner des bitcoins au cours d'un laborieux après-midi, sans avoir à télécharger de logiciel ou à acheter de matériel. Suivez simplement ces étapes :

1. **Allez sur https://hashflare.io/login.**

   Le retour sur investissement pour le minage cloud peut être négatif. Vérifiez correctement votre offre pour vous assurer que c'est un investissement positif.

2. **Descendez en bas de la page et cliquez sur le bouton Buy Now en dessous de SHA-256 Cloud Mining.**

   Lorsque j'ai écrit ce livre, cette option avait le meilleur retour sur investissement et le plus bas coût de démarrage. Prenez le temps de réévaluer cela, car il se peut que ce ne soit plus le cas.

3. **Effectuez le procédé d'inscription.**

4. **Liez votre adresse bitcoin.**

   Si vous n'avez pas établi d'adresse bitcoin, allez au Chapitre 3 et suivez les instructions pour créer un portefeuille Bitcoin. Vous aurez besoin de le faire afin de prétendre à vos récompenses de minage.

5. **Achetez un petit montant de puissance de minage.**

   Cela vous permettra de rejoindre le réseau Bitcoin.

6. **Rejoignez un pool de minage.**

Cette étape vous permet d'avoir des récompenses de minage plus rapidement que si vous miniez tout seul. Cela regroupe les ressources de plusieurs mineurs et partage par la suite la récompense entre les membres du groupe.

Félicitations ! Maintenant, asseyez-vous et attendez vos récompenses de minage pour commencer à rouler sur l'or.

Créer votre premier portefeuille papier

Un *portefeuille papier* est une copie de votre clé publique et privée pour vos bitcoins. Parce qu'ils sont complètement déconnectés, les portefeuilles papier sont l'un des moyens les plus sécurisés pour garder vos bitcoins, lorsque cela est bien fait naturellement. L'avantage est que votre clé privée n'est pas stockée de manière digitale, elle n'est donc pas sujette au hack. Créer un portefeuille papier est assez simple. Suivez simplement ces étapes :

1. **Allez sur** www.bitaddress.org.
2. **Bougez votre souris autour de l'écran jusqu'à ce que le montant aléatoire montre 100 %.**
3. **Cliquez sur le bouton Portefeuille Papier.**

   Cela vous donne la possibilité de créer un portefeuille papier que vous pouvez imprimer.
4. **Dans le champ Addresses to Generate, entrez 1.**

   Vous pouvez créer plusieurs portefeuilles d'un coup, si vous avez besoin, mais vous pouvez également n'en créer qu'un afin de vous familiariser avec.
5. **Cliquez sur le bouton Generate.**

   La Figure 4.2 montre un portefeuille papier que j'ai créé.
6. **Cliquez sur le bouton Print.**

Ne laissez personne vous regarder créer votre portefeuille papier. Ce n'est pas quelque chose à faire sur un ordinateur public. Soyez sûr d'utiliser une imprimante qui ne soit pas connectée à Internet afin de ne pas risquer de vous faire hacker vos clés privées.

FIGURE 4.2 Un portefeuille papier.

Chapitre 5
Découvrir la blockchain Ethereum

DANS CE CHAPITRE :

- **Voir comment et pourquoi Ethereum a démarré**
- **Explorer la blockchain Ethereum**
- **Découvrir les hacks blockchain**
- **Créer une organisation autonome décentralisée**
- **Construire des contrats intelligents et décentraliser les organisations**

Le projet Ethereum est l'une des blockchains les plus développées et accessibles dans l'écosystème. C'est également un leader de l'écosystème dans l'innovation et les cas d'usage de la blockchain. Comprendre cette technologie est important, car elle est en tête de course dans le domaine des contrats intelligents et des organisations décentralisées.

Dans ce chapitre, je couvre la création d'Ethereum et explique la nouvelle façon de créer des organisations et des sociétés sur la blockchain Ethereum. J'approfondis également la sécurité et les applications pratiques de business sur la blockchain Ethereum. Je compléterai par l'origine du projet et vers quoi il se dirige.

Ce chapitre vous prépare à créer votre propre organisation décentralisée. J'y explique comment miner cette crypto-monnaie sur le réseau de test pour alimenter votre projet. Après avoir lu ce chapitre, vous serez capable de configurer votre propre portefeuille Ethereum et d'échanger le token.

Découvrir l'histoire d'Ethereum

Ethereum a pour la première fois été décrit dans un livre blanc écrit en 2013 par Vitalik Buterin, qui était très actif dans la communauté Bitcoin comme auteur et programmeur. Vitalik a vu qu'il y avait significativement plus de potentiel dans Bitcoin que la seule possibilité de transférer de la valeur sans autorité centrale. Il a contribué à l'effort du « *colored coin* » à l'intérieur de Bitcoin pour étendre l'utilité de Bitcoin au-delà de l'échange de son token natif. Vitalik croyait que d'autres business et cas d'usage gouvernementaux qui nécessitent des autorités centrales pour les contrôler pourraient être créés avec des structures blockchain.

À ce moment-là, il y avait un débat féroce vis-à-vis du réseau Bitcoin qui était « bourré » de nombreuses transactions de faible valeur en provenance d'applications qui se sécurisaient elles-mêmes contre le Bitcoin. Les principales inquiétudes étaient que de nouvelles applications, créées sur le protocole Bitcoin, auraient des problèmes pour augmenter en volume. Bitcoin n'était pas créé pour gérer le nombre de transactions requises par les applications. Vitalik et de nombreux autres ont constaté qu'afin de pouvoir créer des applications décentralisées dans la blockchain Bitcoin, soit la blockchain aurait besoin d'une révision massive du code, soit la communauté aurait besoin collectivement de créer une nouvelle blockchain.

Bitcoin était déjà bien établi à ce moment-là. Il était clair que le type d'amélioration nécessaire au code principal était loin d'être simple à réaliser. Les politiques de Bitcoin auraient esquivé tout changement au réseau. Vitalik et son équipe ont établi la Fondation Ethereum début 2014 afin de lever des fonds pour construire une blockchain avec un langage de programmation construit en son sein.

Le développement initial a été lancé grâce à un financement public en ligne au cours des mois de juillet et août 2014. La fondation a initialement levé un montant record de 18 millions de dollars grâce à la vente de son token crypto-monnaie appelé *ether*. Les gens ont passionnément débattu à propos de la légalité de ce financement, car il pouvait constituer un titre non autorisé.

La zone grise de régulation n'a pas entravé le projet. Autant que faire se peut, l'avant-garde de ce projet a attiré plus d'attention et de talents à la fondation. Des développeurs et entrepreneurs mécontents et privés de droits ont afflué du monde entier vers le projet. La décentralisation est vue comme la solution parfaite face aux autorités corrompues et oppressantes.

Les 18 millions de dollars levés grâce à la vente des jetons ont fourni à la fondation les fonds nécessaires pour recruter une large équipe de développement pour créer Ethereum. Ethereum Frontier, la première version du réseau Ethereum, a été rendue publique en juillet 2015. C'était un logiciel réduit à l'essentiel que seulement les plus compétents techniquement pouvaient utiliser pour créer leurs propres applications.

Homestead, la version actuelle du logiciel Ethereum, a été rendue disponible en 2016. Elle est beaucoup plus facile à utiliser. Presque tout le monde peut utiliser le modèle d'application disponible. Il a une interface intuitive et facile à utiliser et une large communauté est dévolue au développement.

Metropolis est la prochaine version prévue d'Ethereum. La principale différence est que les applications seront totalement développées et bien testées. Elle comportera également des applications encore plus faciles à utiliser et sera plus attrayante sur le marché, car même les non-techniciens se sentiront en mesure de l'utiliser.

Serenity est la dernière phase prévue pour le développement d'Ethereum. C'est de là qu'Ethereum se déplacera d'un consensus proof-of-work ou preuve de travail (dans lequel les mineurs sont en compétition pour créer le prochain bloc) à un *modèle proof-of-stake*. Dans un modèle de proof-of-stake, les nœuds sont choisis aléatoirement avec la possibilité d'être sélectionnés plus fréquemment en fonction de leur participation dans le réseau. Leur participation est mesurée par le montant de crypto-monnaie en leur possession. Le bénéfice principal de ce changement serait la réduction du coût d'énergie associé au proof-of-work. Cela pourrait rendre plus attractif pour des individus d'exécuter des nœuds dans le réseau, augmentant ainsi la décentralisation et la sécurité.

Ethereum : l'ordinateur open source à l'échelle mondiale

Ethereum est peut-être l'une des blockchains les plus complexes jamais créées. Elle a son propre langage de programmation Turing-complet (un langage de programmation pleinement opérationnel qui permet aux développeurs de créer tout type d'application). Le protocole Ethereum peut faire à peu près tout ce que votre langage de programmation classique peut faire, sauf qu'il est construit à l'intérieur d'une blockchain et qu'il a les bénéfices ajoutés et la sécurité qui vont avec. Si vous imaginez un projet de logiciel, il peut être créé sur Ethereum.

L'écosystème Ethereum est actuellement le meilleur endroit pour construire des applications décentralisées. Il a de merveilleuses documentations et interfaces faciles à utiliser qui vous permettent de vous lancer rapidement. Un temps de développement rapide, la sécurité pour de petites applications, et la capacité qu'ont les applications à interagir l'une avec l'autre sont les caractéristiques clés de ce système.

Le langage de programmation Turing-complet est la fonctionnalité principale qui fait de la blockchain Ethereum un outil largement plus puissant que la blockchain Bitcoin pour construire de nouveaux programmes. Le langage de script d'Ethereum rend possibles des applications comme Twitter en quelques lignes de code, et extrêmement sécurisées.

Les contrats intelligents, comme ceux que vous avez créés dans le Chapitre 3, peuvent également être construits sur Ethereum. Le protocole Ethereum a ouvert un tout nouveau genre d'application. Vous pouvez prendre n'importe quel procédé de business, de gouvernement, ou d'organisation et créer une représentation digitale à l'intérieur d'Ethereum. Actuellement, la plateforme Ethereum est explorée pour gérer des actifs numériques. C'est une nouvelle classe d'actifs en ligne qui peut représenter un actif numérique entier tel que le token Bitcoin ou une représentation digitale d'un actif réel tel un produit comme le maïs, des instruments financiers (comme un titre garanti par un prêt hypothécaire), des enregistrements d'actifs de propriétés comme des terrains, et des organisations autonomes décentralisées (DAO en anglais) ; elles représentent un nouveau moyen d'organiser une entreprise, une association, un gouvernement, ou n'importe quelle autre entité qui aurait besoin d'un contrat et de travailler en synergie sur un intérêt commun. Les DAO sont principalement créées sur la plateforme Ethereum.

Applications décentralisées : bienvenue dans le futur

La manifestation la plus révolutionnaire et controversée d'Ethereum est son autogouvernance et son application décentralisée (dApp). Les dApps peuvent gérer des choses comme des actifs numériques et des DAO.

Les dApps ont été créées pour remplacer le management centralisé des actifs et des organisations. Cette structure a beaucoup d'attrait, car beaucoup de personnes pensent que le pouvoir absolu corrompt complètement. Pour ceux qui ont peur de la perte de contrôle, ce type de structure a des implications massives.

Etheria (www.etheria.world), un jeu ressemblant à *Minecraft*, est un exemple intéressant de cette technologie au travail (voir Figure 5.1). Le jeu ne peut être censuré ou retiré et existera aussi longtemps qu'Ethereum existera. Lorsque des choses sont créées dans Ethereum, même s'il y avait une bonne raison d'en supprimer une, c'est pratiquement impossible à faire.

FIGURE 5.1 Le premier jeu numérique immortel au monde, Etheria.

Le pouvoir des organisations autonomes décentralisées

Une DAO est un type d'application Ethereum qui représente une entité virtuelle dans Ethereum. Lorsque vous créez une DAO, vous pouvez inviter d'autres personnes à participer dans la gouvernance de l'organisation. Les participants peuvent rester anonymes et ne jamais se rencontrer, ce qui pourrait soulever des problèmes de conformité aux règles du *Know Your Customer* (KYC) (le procédé qu'un commerce doit exécuter afin de vérifier l'identité de ses clients) et de la lutte contre le blanchiment d'argent (AML – les lois et régulations désignées pour arrêter la pratique générant des revenus au travers d'activités illégales).

Les DAO ont été créées afin de lever des fonds pour investir, mais elles pourraient également être conçues à des fins civiques et à but non lucratif. Ethereum vous donne un cadre basique pour la gouvernance. Libre aux organisateurs de décider ce qui doit être gouverné. Ethereum a créé des cadres pour vous aider dans la création de DAO.

La Figure 5.2 montre une représentation de l'organisation d'une application Ethereum.

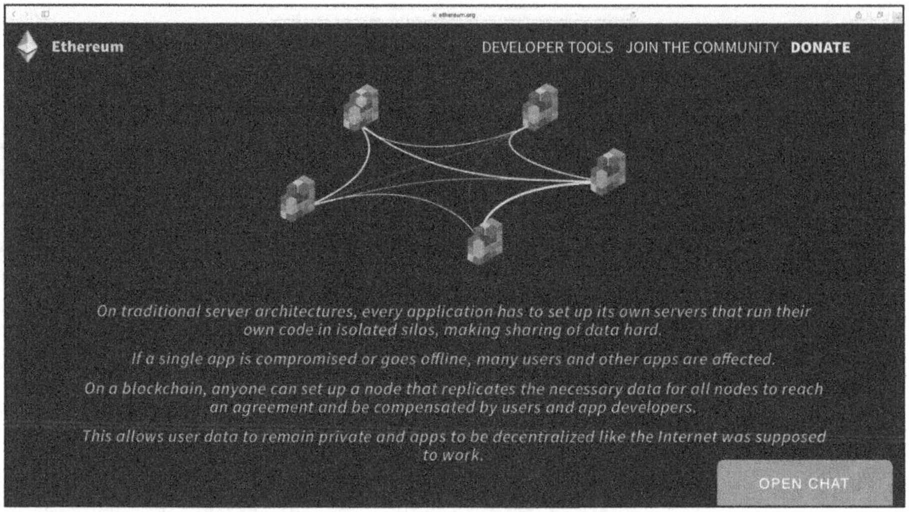

FIGURE 5.2 Description d'application blockchain Ethereum.org

Voici comment les DAO fonctionnent essentiellement :

1. **Un groupe de personnes écrit un contrat intelligent pour gouverner l'organisation.**
2. **Les gens ajoutent des fonds à la DAO et reçoivent des tokens qui représentent la propriété. Cette structure fonctionne un peu comme une action dans une société, mais les membres contrôlent les fonds depuis le premier jour.**
3. **Lorsque les fonds ont été levés, la DAO commence à opérer en demandant aux membres de proposer comment dépenser l'argent.**
4. **Les membres votent ces propositions.**
5. **Lorsque le temps prédéterminé est passé et que le nombre de votants prédéterminé est réuni, la proposition passe, ou pas.**

6. **Les individus agissent comme entrepreneurs pour desservir la DAO.**

Contrairement à la plupart des véhicules d'investissement traditionnels, là où une autorité centrale prend des décisions par rapport à des investissements, les membres de la DAO contrôlent 100 % des actifs. Ils votent de nouveaux investisse-

DE GRANDS POUVOIRS ENGENDRENT… D'AUTRES GRANDS POUVOIRS

La première DAO Ethereum jamais construite s'appelle, pardonnez du peu, « *The DAO* ». Cela est un exemple de certains des dangers qui arrivent avec les entités autonomes et décentralisées. C'est le projet de *crowdfunding* le plus grand au monde. Leurs fondateurs ont levé approximativement 162 millions de dollars en 26 jours avec plus de 11 000 membres. Ce que les gens pensaient être la plus grande force de la DAO est devenu sa plus grande faiblesse. Le code immuable dans la DAO a fixé comment l'organisation serait gouvernée et comment les fonds seraient distribués. Cela permettait aux utilisateurs de se sentir en sécurité dans leurs investissements. Bien que le code ait été bien révisé, les bogues n'ont pas tous été réglés.

La première menace considérable vient du hack de The DAO. Un chemin inattendu dans le code du contrat de The DAO permettait à n'importe quel utilisateur subtil de retirer des fonds. Un utilisateur inconnu a réussi à retirer pour un montant de 50 millions de dollars avant de pouvoir être arrêté.

La communauté Ethereum a amèrement débattu pour savoir si elle pouvait ou devait réclamer les ethers : le hacker de The DAO n'a techniquement rien fait de mal ni même hacké le système. Les fondamentalistes de la communauté Ethereum ont estimé que le code était la loi, et que par conséquent, rien ne pouvait être fait pour récupérer les fonds.

La seule chose qui rendait Ethereum fort était aussi sa plus grande faiblesse. La décentralisation, l'immutabilité, et l'autonomie signifiaient qu'aucune autorité centrale ne pourrait rapidement décider ce qu'il fallait faire. Il n'y avait également personne à punir pour la mauvaise utilisation du système. Il n'y avait vraiment aucune mesure de protection du consommateur. C'était une nouvelle frontière, comme le nom du logiciel le suggérait.

Après plusieurs semaines de discussions sur le sujet, la communauté Ethereum a décidé d'arrêter The DAO et de créer un nouvel Ethereum. Ce procédé est appelé *hard forking*. Lorsque la communauté Ethereum a « hard forké » le réseau, cela a inversé la transaction que le hacker avait effectuée. Cela a également créé deux Ethereum : Ethereum et Ethereum Classic.

Tout le monde n'était pas d'accord avec cette décision. La communauté continue à utiliser l'Ethereum Classic. Les tokens pour l'Ethereum Classic sont toujours échangés, mais ont significativement perdu de leur valeur sur le marché. Le nouveau token Ethereum n'a toujours pas regagné son plus haut niveau précédent le hack.

La décision de hard forker a secoué le monde de la blockchain. C'était la première fois qu'un projet blockchain majeur avait hard forké pour dédommager les investisseurs. Cela a remis en question beaucoup des principes qui font de la blockchain une technologie si attractive de prime abord.

ments et autres décisions. Ce type de structure menace de remplacer les gestionnaires financiers traditionnels.

Les DAO sont construites avec un code qui ne peut pas être changé en cours de route. L'attrait de ce principe est que les pirates malicieux ne peuvent plus jouer les perturbateurs avec les fonds de façon traditionnelle. Les hackers peuvent toujours trouver des moyens d'exécuter le code de manière inattendue et retirer les fonds. La nature immuable du code des DAO rend pratiquement impossible la réparation de n'importe quels bogues une fois que la DAO est en ligne dans Ethereum.

Hacker une blockchain

Ethereum n'a jamais été hacké. La section précédente « De grands pouvoirs engendrent... d'autres grands pouvoirs » mentionne en effet que le hard fork en 2016 du fait de la DAO n'était pas techniquement un hack du système, mais il est cependant souvent confusément présenté comme tel. Ethereum a parfaitement marché. Le problème était qu'il était trop parfait. Il était devenu nécessaire de redémarrer le système lorsqu'un gros montant d'argent et la majorité de ses utilisateurs étaient menacés.

La seule façon de corriger une action sur une blockchain comme Ethereum est d'effectuer un hard fork, ce qui permet un changement fondamental du protocole. Un hard fork rend les blocs et les transactions précédentes invalides. Ethereum a effectué cela afin de protéger les fonds qui ont été retirés de la première DAO par un utilisateur. Le hack de The DAO a été conceptuellement l'un des plus gros bogues ayant jamais existé.

Cela dit, beaucoup d'escroqueries et de tentatives de hacks se produisent dans l'espace de la crypto-monnaie. La plupart de ces attaques visent des échanges et des applications centralisés. Beaucoup de hackers veulent voler des crypto-monnaies. Elles ont une réelle valeur et ne sont pas protégées de la même façon que les monnaies classiques par les gouvernements. La nature anonyme de la crypto-monnaie la rend également attrayante pour les escrocs. Attraper et traduire en justice ces individus est difficile. La communauté de la crypto-monnaie se défend toutefois, et crée de nouvelles mesures pour se protéger.

Hacker un seul endroit est significativement plus simple et moins coûteux que d'essayer de surmonter un réseau décentralisé. Lorsque vous lisez quelque chose en rapport avec le hack dans la blockchain, c'est certainement juste un site Internet ou un portefeuille qui s'est fait hacker, pas le réseau entier.

Comprendre les contrats intelligents

Les contrats intelligents d'Ethereum sont comme des accords contractuels, excepté qu'il n'y a pas d'autorité centrale pour renforcer le contrat. Le protocole Ethereum « renforce » les contrats intelligents en y liant une forme de pression économique. Ils peuvent également renforcer l'implémentation d'exigences si cela se passe dans Ethereum, car Ethereum peut prouver que certaines conditions ont ou n'ont pas été réalisées. Si cela ne se passe pas dans Ethereum, c'est plus compliqué à renforcer.

Les contrats intelligents d'Ethereum ne peuvent pas encore être légalement renforcés et ne le seront probablement jamais du fait que vous n'avez pas besoin d'autorité extérieure renforçant ces accords. Les systèmes légaux sont contrôlés par les gouvernements. Tels qu'ils sont actuellement, les gouvernements sont des autorités centrales, certaines avec plus ou moins de consensus et de principes démocratiques. Dans un contrat intelligent Ethereum, chaque participant a un vote inaliénable.

Les contrats intelligents Ethereum n'incluent pas l'intelligence artificielle. Ce serait une future possibilité amusante. Mais pour l'instant, Ethereum n'est qu'un code de logiciel qui s'exécute sur une blockchain.

Les contrats intelligents d'Ethereum ne sont pas sans danger. Le pseudo-hack de The DAO est un très bon exemple du type de danger qui peut se produire. Ce n'est que le début, et mettre beaucoup d'argent dans un système qui n'a pas encore fait ses preuves n'est pas malin. À la place, il serait plus judicieux d'expérimenter avec de petits montants d'argent, jusqu'à ce que tous les bogues soient retirés des nouveaux contrats.

Découvrir la cybermonnaie ether

Ether est le nom de la crypto-monnaie dans la blockchain Ethereum. Elle a été nommée ainsi d'après la matière qui, selon les croyances, pouvait pénétrer dans tout l'espace et rendre l'univers possible. Dans ce sens, l'ether est la substance qui rend possible Ethereum. L'ether motive le réseau à se sécuriser lui-même à travers le minage proof-of-work, de la même manière que le token bitcoin motive le réseau Bitcoin. L'ether est requis pour exécuter tout type de code dans le réseau Ethereum. Lorsqu'il est utilisé dans un contrat dans Ethereum, l'ether est dénommé *gas*.

Exécuter le code dans un contrat intelligent coûte également un certain montant d'ethers. Cette fonctionnalité donne au token une utilité ajoutée. Tant que des individus veulent utiliser Ethereum pour leurs applications et leurs contrats, l'ether gardera une valeur au-delà de la spéculation.

La croissance sauvage dans la valeur de l'ether l'a rendu populaire comme étant un token sur lequel spéculer. Il est largement négocié dans les échanges dans le monde entier. De nouveaux fonds spéculatifs s'y intéressent comme véhicule d'investissement. Cependant, la nature volatile du marché et sa faible profondeur font de l'ether un investissement risqué.

Se préparer et se lancer sur Ethereum

Dans cette section, je vais vous expliquer comment se lancer dans l'écosystème de la blockchain Ethereum. Avant de pouvoir construire quoi que ce soit sur la blockchain Ethereum, vous devez avoir un portefeuille Ethereum.

Votre portefeuille gardera vos tokens appelés ethers. L'ether est la crypto-monnaie qui vous permet de créer des contrats intelligents dans Ethereum. Cela est parfois référencé comme du *gas*.

Télécharger le portefeuille Ethereum peut prendre du temps, mais l'interface est vraiment intuitive et les instructions données sont simples à suivre.

Dans le portefeuille Ethereum, vous pouvez gagner des ethers de test pour construire vos contrats et vos organisations. Vous n'avez pas besoin de miner de l'ether pour apprendre comment cela fonctionne.

Miner de l'ether

Ethereum est continuellement utilisé par un réseau d'ordinateurs tout autour du globe qui exécutent des contrats et sécurisent le réseau. Ces ordinateurs sont parfois nommés des nœuds, et ils minent des crypto-ethers.

Afin de pouvoir récompenser les individus pour le temps et l'énergie dépensés dans le minage, il y a un prix de cinq ethers toutes les 12 secondes. Le prix est donné au nœud qui a été capable de créer le dernier bloc dans la blockchain Ethereum.

Tous les nouveaux blocs ont une liste des dernières transactions. L'algorithme du consensus de proof-of-work garantit que les prix sont le plus souvent remportés par les nœuds qui ont le plus de puissance informatique. Les ordinateurs qui ne sont pas aussi puissants peuvent également gagner – cela prend juste plus de temps. Si vous voulez vous faire la main sur le minage d'ethers, vous pouvez le faire avec votre ordinateur à la maison, mais cela prendra vraiment beaucoup de temps pour miner un bloc et remporter des ethers.

Miner de l'ether n'est pas à la portée d'un technicien novice. Vous devez être familier avec les lignes de commande. Si vous n'avez aucune idée de ce qu'est une ligne de commande, vous voudrez probablement passer ce procédé. Aussi, faites attention à bien suivre les instructions les plus récentes sur le GitHub Ethereum (http://github.com/ethereum).

Configurer votre portefeuille Ethereum

Pour configurer votre portefeuille Ethereum, suivez ces étapes :

1. **Allez sur www.ethereum.org.**
2. **Cliquez sur le bouton Download.**

   Vous devez descendre un peu dans la page afin de trouver ce bouton. Soyez sûr de sauvegarder votre portefeuille Ethereum quelque part où vous pourrez aisément le retrouver plus tard.

3. **Ouvrez le portefeuille Ethereum.**
4. **Cliquez sur Use Test Net.**

   Ici, vous vous préparez à faire un test de minage d'ethers. Ce procédé consomme beaucoup moins de temps que de miner du vrai ether, mais il prend quand même du temps.

5. **Créez un mot de passe compliqué.**

   N'oubliez pas de sauvegarder votre mot de passe en lieu sûr.

6. **Cliquez sur le menu de démarrage.**

   L'équipe d'Ethereum a quelques tutoriels qui sont intéressants à revoir pendant que vous téléchargez votre testnet. Le téléchargement peut prendre environ 10 minutes.

7. **Choisissez Develop >Start Mining.**

   Ne passez pas cette étape, vous aurez besoin d'ethers pour de prochains projets.

Vous venez tout juste de configurer votre portefeuille, et vous engrangez des « tests ether » pour vos futurs projets de contrats intelligents. Un « test ether » est un ether qui est seulement échangeable sur le réseau de test où il a été généré.

Créer votre première Organisation Autonome Décentralisée (DAO)

Les DAO vont changer la manière dont le monde fera des affaires dans le futur. Elles permettent à n'importe qui de créer un nouveau type d'entreprise en ligne qui est gouvernée par des règles préapprouvées qui sont alors renforcées par le réseau blockchain. Créer une DAO peut être plus simple que vous ne le pensez. Dans cette section, vous construisez votre première DAO de test. Je découpe ce projet en trois parties : construction, *congress*, et gouvernance.

Afin de pouvoir compléter avec succès votre DAO, vous devez avoir configuré votre portefeuille Ethereum et fait du minage sur le testnet Ethereum (voir section précédente).

Suivez ces étapes pour créer votre première DAO test :

1. **Allez sur www.ethereum.org/dao.**
2. **Descendez dans la page jusqu'au champ Code (Figure 5.3) et copiez le code.**
3. **Ouvrez le portefeuille Ethereum que vous aviez créé auparavant.**

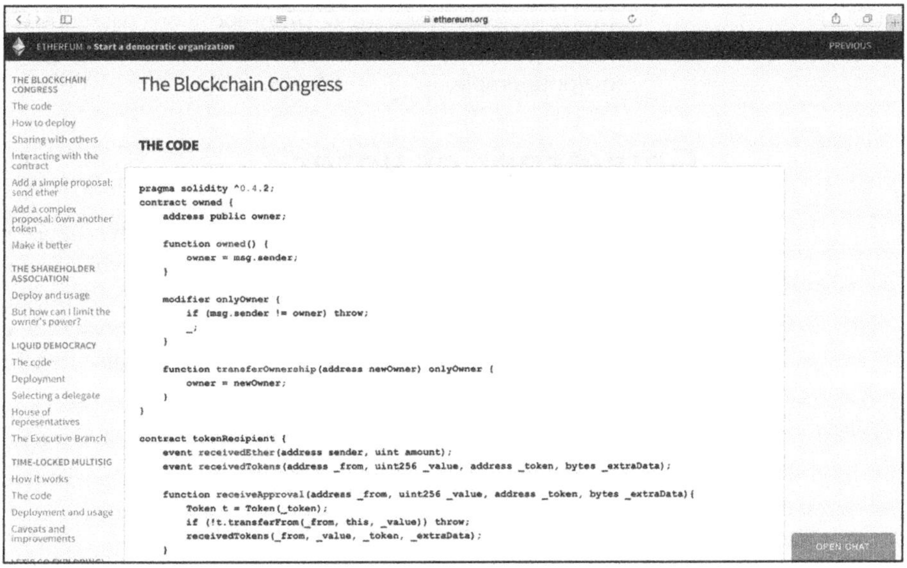

FIGURE 5.3 Le champ Code.

Vous allez développer votre DAO dans votre portefeuille Ethereum.

Testnet et Congress

La prochaine phase de votre projet de DAO est de configurer le cadre pour votre DAO. Suivez ces étapes :

1. **Dans votre portefeuille Ethereum, choisissez Develop.Network.Test Net.**
2. **Cliquez sur l'onglet Contracts et cliquez ensuite sur Deploy Contract.**

   L'équipe Ethereum a configuré quelques cadres de test pour les DAO.
3. **Collez le code que vous aviez copié dans la section précédente dans la boîte de code Solidity.**
4. **Depuis le Contract Picker, sélectionnez Congress.**
5. **Saisissez des variables lorsque demandé.** Voici les options :
   - Le *quorum minimum* pour les propositions est le nombre de votes minimum dont une proposition a besoin avant de pouvoir être exécutée.
   - Les *minutes for debate* représentent le temps minimum, en minutes, qui doit s'écouler avant que la proposition soit exécutée.

- La *margin of votes for majority*. Les propositions passent si elles sont votées à la majorité de plus de 50 % des votes. Laissez la marge à 0 pour une majorité simple.

Gouverner et voter

Vous allez maintenant configurer et nommer la gouvernance de votre DAO. Vous avez besoin de configurer un *quorum minimum* pour vos propositions (de combien de votes une nouvelle proposition a besoin avant qu'elle ne soit passée). Vous devez également configurer le *margin of votes for a majority* (de combien de votes a besoin un plan pour passer) et le temps alloué pour discuter d'un nouveau plan.

1. **Nommez votre DAO.**

   C'est un peu comme nommer votre société.

2. **Pour Debates Times, sélectionnez 5 minutes.**

   Cela représente la durée pendant laquelle les propositions sont ouvertes au débat.

3. **Laissez Margin of Votes for Majority à 0.**

   Cela configure la façon dont la démocratie de votre contrat fonctionne.

4. **Confirmez le prix de la DAO.**

   Vous avez miné de l'ether dans le testnet *via* votre portefeuille lorsque vous l'avez configuré. Si vous avez sauté cette partie, retournez-y et faites-le. Vous avez besoin d'un peu de votre ether testnet pour construire votre DAO.

5. **Cliquez sur Deploy et entrez votre mot de passe.**

   La DAO peut prendre du temps à se déployer. Lorsque vous arrivez sur le tableau de bord, descendez dans la page, vous aurez la possibilité de voir votre DAO en cours de production.

6. **Cliquez sur l'icône New.** Une nouvelle et unique icône sera générée, cela représente votre DAO.

Félicitations ! Vous avez créé votre première DAO.

Découvrir le futur des DAO

Les contrats intelligents et les organisations décentralisées sont très prometteurs. Leur nature purement démocratique et hyper rationnelle est très attrayante. Cependant, à ce stade, il y a plus de possibilités que de certitudes, et chaque contrat créé pourrait tout chambouler ou être un énorme raté.

Si vous approchez la blockchain Ethereum comme la nouvelle frontière qu'elle est, vous aurez plus de succès. Le réseau Ethereum a plus de bénéfices que de désavantages si vous faites attention. Mais espérer que tout soit sans failles et que tous les participants agissent avec intégrité vous fera perdre gros. Ethereum a sa part de bandits, sans oublier ces enthousiastes qui souhaiteraient que vous réussissiez.

Les hacks des contrats intelligents en 2016 ont souligné l'importance de la sécurité et de vérifier correctement les contrats. Cela a aussi montré qu'il y a des personnes intègres qui se battent pour réparer les problèmes.

Lire ce livre n'est que le début. Il vous donnera une base pour bâtir vos connaissances sur Ethereum, mais comme avec toutes nouvelles technologies, Ethereum évolue rapidement. Mettez-vous régulièrement à jour sur les meilleures pratiques et sur les mesures de sécurité.

Dans les sections suivantes, je mentionne des choses à garder en tête lorsque que vous créez vos premières DAO, construisez des contrats intelligents, et déboguez vos nouveaux systèmes blockchain.

Mettre de l'argent dans une DAO

Méfiez-vous des montants trop importants et des contrats qui n'ont pas été pleinement contrôlés. Les gros contrats sont plus fréquemment ciblés par les hackers. Le hack de The DAO mentionné plus tôt dans ce chapitre (« De grands pouvoirs engendrent… d'autres grands pouvoirs ») montre que même les contrats bien pensés ont des faiblesses inattendues.

D'ailleurs, les contrats intelligents et les blockchains vous permettent d'effectuer des affaires avec n'importe qui dans le monde, et nous n'en sommes qu'aux premiers jours. Vous pouvez atténuer vos risques en ne travaillant qu'avec des tiers connus et dignes de confiance.

Le paysage de la sécurité évoluera continuellement avec les nouveaux bogues. Revoir toutes les nouvelles meilleures pratiques est impératif. Gérez le montant d'argent que vous mettez en jeu et déployez lentement des contrats et en plusieurs phases. L'Ethereum est une nouvelle technologie, et il n'existe pas encore de solutions matures développées.

Construire des contrats intelligents encore plus intelligents

La programmation de contrats intelligents requiert un raisonnement différent que pour l'écriture standard de contrats. Il n'y a pas de tierces personnes pour rectifier les choses si votre contrat s'exécute d'une façon inattendue ou non désirée. La nature distribuée et immuable des blockchains rend difficile le changement d'un résultat indésirable.

Votre contrat aura des défauts et de nombreuses erreurs. Créez des valves de sécurité dans vos contrats pour pouvoir répondre aux bogues et aux vulnérabilités lorsqu'ils apparaissent. Les contrats intelligents ont également besoin d'un moyen d'être déconnectés pour vous permettre de tirer la prise et de mettre en pause votre contrat lorsque les choses tournent mal.

Si votre contrat est assez grand, offrez des récompenses de chasse aux bogues, qui inciteront la communauté à trouver des vulnérabilités et des défauts dans vos contrats.

Comme pour beaucoup de choses, la complexité de votre contrat augmente également les erreurs et les vecteurs d'attaques. Gardez votre logique de contrat simple. Créez des petits modules qui gardent chaque section de vos contrats. Créer un contrat de cette façon vous aidera à compartimenter n'importe quel problème.

Trouver des bogues dans le système

Ne réinventez pas la roue en créant vos propres outils comme la génération aléatoire de nombres. Au lieu de cela, utilisez le travail que la communauté a déjà effectué et qui a déjà été correctement testé.

Vous ne pouvez contrôler que les choses qui sont propres à votre contrat. Soyez prudent lors de l'utilisation de contrats externes. Ils peuvent exécuter des codes malicieux et vous dérober le contrôle.

La communauté Ethereum a une excellente liste de bogues connus et des conseils encore plus utiles sur la façon de construire des contrats intelligents sécurisés sur leur page GitHub à https://github.com/ethereum/wiki/wiki/safety.

Chapitre 6
La blockchain Ripple

DANS CE CHAPITRE :

- **Découvrir les origines de la blockchain Ripple**
- **Apprendre à utiliser la blockchain Ripple**
- **Explorer le réseau Ripple**

Ripple est l'une des blockchains les plus intéressantes pour le déplacement et l'échange global de valeurs. Le protocole Ripple permet la fongibilité de n'importe quel type d'actif, même entre types d'actifs différents et dans des marchés de non-liquidités. Il fait tout cela à un prix extrêmement bas, avec une sécurité exceptionnellement haute, et dans un temps record. L'infrastructure Ripple est en cours d'implémentation comme étant le cadre des nouvelles opérations bancaires et commerciales.

Ce chapitre met en évidence les nuances importantes de la technologie derrière la blockchain Ripple. J'explique en détail comment Ripple révolutionne globalement la banque et la *fintech*. Je présente ensuite les usages pratiques de la blockchain Ripple et des consignes spécifiques de sécurité pour travailler avec le protocole Ripple.

Ce chapitre vous prépare à échanger globalement n'importe quel type de valeur. Ici, vous découvrirez pourquoi cette nouvelle technologie est importante pour votre industrie et comment se lancer aujourd'hui en utilisant le protocole Ripple. Vous verrez également comment configurer un compte qui effectue des échanges sur le protocole Ripple et les arnaques à éviter lorsque vous opérez dans cet écosystème.

Si vous n'êtes pas à la recherche d'une solution d'ensemble pour une société qui est exonérée ou qui peut obtenir une licence bancaire, vous devriez peut-être passer ce chapitre, car Ripple est principalement destiné à ce type d'institutions financières.

Avoir un bref historique sur la blockchain Ripple

Le projet Ripple est plus vieux que Bitcoin. Il est passé par plusieurs itérations, mais l'implémentation originale a été créée par le développeur canadien Ryan Fugger en 2004. La première itération était un système monétaire décentralisé qui permettait aux individus et aux communautés d'instaurer leur propre argent.

Jed McCaleb, Arthur Britto et David Schwartz ont rejoint par la suite le projet de Ryan par le biais d'une société appelée Opencoin. Leur travail a permis d'ajouter plus de blockchains, comme des fonctionnalités telles qu'un système de monnaie digitale dans lequel les chaînes de transactions sont publiées par consensus entre les membres du réseau.

Chris Larsen, le premier CEO de Ripple, était le fondateur de plusieurs sociétés comme E-Loan et Prosper, qui étaient toutes deux des organisations disruptives qui ont changé le marché du prêt à la consommation. Il a rejoint Ripple en août 2012 et l'a dirigé jusqu'en 2016.

Ripple a depuis grandi pour devenir une grande société de capital-risque. Il y a quelques-uns des plus gros noms dans le monde de l'investissement d'alors, Google Ventures et Andreessen Horowitz pour en nommer quelques-uns. En 2016, Ripple avait levé plus de 93 millions de dollars *via* le capital-risque. Ripple est également actif politiquement et siège au Federal Reserve's Faster Payments Task Force Steering Committee et codirige le groupe de travail sur les paiements W3C. Ils ont des bureaux à San Francisco, New York, Londres, Luxembourg, et Sydney. Beaucoup des équipes fondatrices ont depuis quitté Ripple et fondé de nouveaux projets.

Ripple a vraiment été disruptif dans l'industrie bancaire et a vu ses efforts être substantiellement repoussés. En 2015, FinCEN a dressé une contravention à Ripple de 700 000 dollars pour des actes de violation de secret. L'amende concernait la vente de XRP à Roger Ver, un investisseur Bitcoin bien connu, et l'absence de rapport d'activité semble suspecte, car Ver a été condamné pour vente de feux d'artifice sur eBay. Après l'amende, DBS Bank et Oversea-Chinese Banking Corporation Limited ont commencé à refuser les services bancaires de Ripple Singapour. On pense que cela s'est produit parce que ces banques ont estimé que l'émission d'actifs sur les blockchains représentait un risque réglementaire plus important que leur récompense. Depuis lors, Ripple s'est concentré principalement sur les banques mondiales et régionales.

Aujourd'hui, Ripple est une solution de règlement financier mondial qui permet aux banques et aux consommateurs d'échanger de la valeur. À l'instar de Bitcoin, le protocole Ripple réduit le coût total du règlement en permettant aux utilisateurs de traiter directement et instantanément. Il est construit sur un protocole Internet open source distribué, il utilise une blockchain et possède une monnaie native appelée ripples.

La technologie financière distribuée de Ripple permet aux utilisateurs d'envoyer des paiements internationaux en temps réel dans ses réseaux. À l'aide de Ripple, les marchés mondiaux peuvent répondre à la demande de services de paiement globaux rapides, peu coûteux et à la demande.

Ripple est particulièrement bon pour les paiements transfrontaliers et les échanges de valeurs entre deux parties. Ripple a créé un réseau mondial d'institutions financières, de décideurs et de consommateurs. Vous pouvez maintenant échanger n'importe quel type de valeur partout dans le monde et instantanément. Ripple est la nouvelle base pour l'Internet des valeurs. L'idée derrière l'Internet des valeurs est que les valeurs telles que l'argent, les voitures, les terrains et les commodités peuvent toutes vivre et être échangées en ligne et sans intermédiaires, ce qui facilite le processus. Les protocoles, comme Ripple, facilitent le commerce et le rôle d'intermédiaire.

Ripple, c'est une question de confiance

Ripple est un réseau d'échange et une plateforme de trading avec un *back-end* blockchain. Les institutions utilisent le protocole pour effacer les transactions *via* le livre de distribution de Ripple. Ils peuvent également régler leurs obligations dans le cadre de l'échange de fonds distribués de Ripple.

Il existe deux façons principales d'interagir sur le réseau Ripple :

- Les utilisateurs financiers du système participent au réseau en utilisant, acceptant et commercialisant des actifs pour faciliter les paiements.

» Les opérateurs de nœuds participent au réseau en surveillant les transactions et en s'entendant sur la validité et la commande de ces transactions avec les autres nœuds du réseau.

Les termes *nœud* et *ordinateur* sont souvent utilisés de manière interchangeable. Les deux termes se réfèrent aux machines et aux codes utilisés pour faire fonctionner le réseau.

Un participant financier doit faire confiance aux émetteurs d'actifs qu'ils détiennent, et un opérateur de nœud doit faire confiance aux autres nœuds dans sa liste de validateurs pour s'entendre à ne pas bloquer les transactions valides. Tout est question de confiance et de motivations mutuelles de coopérer.

Le réseau Ripple est une garantie pour échanger tous les différents types de valeurs dans son réseau distribué. La crypto-monnaie de Ripple, XRP, est utilisée pour faciliter l'échange entre deux parties différentes de valeurs qui ont un faible volume de transactions ou n'ont pas de garantie. Entre les nœuds, le réseau et le participant financier, Ripple a construit l'infrastructure de base qui optimise le processus de paiement et les échanges à l'échelle mondiale.

Dans cette section, je couvre les fonctions principales que permet le protocole Ripple dans le secteur bancaire.

Il existe deux fonctions essentielles que le réseau Ripple fournit :

» **Il agit comme un livre ordinaire pour relier les banques et les réseaux de paiement.** Cela permet aux réseaux de banques et de paiement d'effectuer les transactions en 5 secondes. Cela permet également aux utilisateurs une connectivité entre eux et un monitoring constant du débit de transactions au travers du réseau.

» **Il agit comme un protocole de transaction neutre.** Ripple transfère de la valeur bilatéralement pour le même type de valeur. Pour les transactions cross-monnaies, Ripple obtient des fonds depuis sa place de marché de fournisseurs de liquidités. C'est une bonne chose, car la liquidité est un problème majeur pour de nombreux marchés.

Les banques sont très enthousiasmées par cette technologie, car elle leur permet de passer des intermédiaires et des centres de compensation à un système plus rapide, moins coûteux et moins risqué. Les banques ont considérablement accéléré le processus de paiements transfrontaliers en supprimant le besoin de papier et d'intermédiaires.

Ripple aide également les banques à réduire les risques et les coûts des opérations de change en leur permettant de traiter directement avec d'autres banques à l'échelle mondiale, et d'obtenir des liquidités *via* la place de marché ouverte des tiers de Ripple.

Les principaux avantages offerts par Ripple sont les suivants :

- Paiement en temps réel.
- Traçabilité de toutes les transactions.
- Rapprochement presque instantané.
- La capacité à convertir presque n'importe quel type de monnaie, commodité, ou token.

Comment Ripple diffère des autres blockchains

Ripple, comme Bitcoin, est un logiciel neutre et décentralisé. Presque tout le monde peut utiliser Ripple comme un standard ouvert pour faciliter la connectivité et l'interopérabilité.

Ripple est sensiblement différent de Bitcoin dans sa structure et la façon dont le réseau fonctionne. Ripple est l'itinéraire d'échange le plus efficace, structurant les transactions en tant que dettes et utilisant sa crypto-monnaie comme mécanisme d'échange entre les différents types de valeur échangés sur le réseau Ripple.

Ripple n'est que confiance, tandis que d'autres blockchains, pour la plupart, concernent des systèmes sans confiance. Dans Bitcoin, deux parties peuvent envoyer des tokens bitcoin, et le réseau valide que personne ne fraude cette transaction. Une partie de la façon dont Bitcoin équilibre chaque bloc de transaction est de s'assurer que tous les tokens impliqués ont seulement été dépensés une seule fois.

Une autre différence significative est que Ripple n'utilise pas de consensus proof-of-work. L'équipe Ripple a éliminé le lourd fardeau de puissance dont la plupart des blockchains ont besoin pour se sécuriser. Ce faisant, Ripple utilise significativement moins d'électricité et est plus rapide que les blockchains traditionnelles.

Ripple fonctionne vraiment différemment des autres blockchains. L'une des différences les plus remarquables est la façon dont le réseau est décentralisé et parvient à un consensus. La nature de la décentralisation dans Ripple est subtile. Un nœud peut mettre tous les autres nœuds qu'il souhaite dans sa liste de validateurs afin d'observer les transactions que ces nœuds souhaitent respecter. La seule exigence est qu'il existe un chevauchement suffisant entre les listes de validateurs de chaque nœud, de sorte que le réseau n'atteigne pas accidentellement plusieurs consensus différents.

Ripple gère cela en faisant en sorte que chaque nœud maintienne sa propre liste de validateurs, y compris les nœuds propres de Ripple. Cela garantit qu'il existe un chevauchement suffisant. Au fur et à mesure que le réseau de nœuds se développe, la liste du noeud comprend de plus en plus de validateurs d'institutions reconnues et indépendantes à travers le monde. Avec le temps, le processus de consensus de Ripple deviendra de plus en plus décentralisé.

Au-delà de la façon dont la décentralisation et le consensus fonctionnent avec Ripple, voici d'autres moyens importants sur lesquels Ripple diffère de Bitcoin :

» **Ripple est au milieu.** Ripple est un logiciel qui agit comme *middleware* entre des produits financiers et des institutions. Si vous choisissez d'utiliser le réseau Ripple, vous allez probablement avoir besoin d'être un service monétaire licencié ou un opérateur monétaire mobile. Le protocole Bitcoin est ouvert à n'importe qui y voit une utilité. Les réglementations peuvent changer, mais à ce jour, vous n'avez pas besoin d'une licence pour utiliser Bitcoin.

  N'importe quel développeur peut se lancer sur Ripple, mais utiliser le logiciel Ripple peut être illégal si vous n'avez pas de licence pour le faire. C'est l'une des raisons pour lesquelles Ripple cible les grandes institutions financières comme étant leurs utilisateurs. Bitcoin peut être utilisé par n'importe qui, et est spécialement utile pour les petites transactions.

» **Ripple est basé sur un algorithme de consensus plutôt que sur le minage.** Il utilise les votes probabilistes parmi les nœuds de confiance. Ce type de consensus permet aux nœuds d'arriver à un agrément et de confirmer les transactions en 5 secondes. Avec le Bitcoin, les transactions peuvent prendre des heures.

» **Les actifs dans Ripple, excepté XRP (le token natif de Ripple), existent en tant que dettes.** En revanche, Bitcoin autorise seulement le transfert du token bitcoin entre deux adresses bitcoin. Des marchés extérieurs évaluent la valeur du token bitcoin.

» **La provision de XRP est configurée à 100 000 000 000, et le Ripple a détenu et créé 100 milliards d'unités XRP au lancement du réseau.** Ils ont ensuite distribué les XRP aux propriétaires de la société et aux autres parties.

  Bitcoin crée de nouveaux tokens bitcoin à chaque fois qu'un bloc est créé. Les nouveaux tokens sont donnés en récompense aux nœuds qui gagnent durant le consensus. Avec le temps, la provision augmente. De manière algorithmique, Bitcoin est configuré pour arrêter de créer du bitcoin lorsqu'il atteindra 21 millions.

» **Ripple se protège lui-même contre les arnaques et les attaques de déni de service en demandant un coût minimum lors des transactions.** Le montant de la transaction est de 0,00001 XRP, appelé « Ten Drops ».

  Le protocole Ripple augmentera le nombre de drops requis, si des volumes de transactions anormales sont repérés. Cela est similaire à la façon dont Bitcoin se protège également des arnaques, mais il n'y a pas de commission minimale. Les mineurs de bitcoins ignoreront probablement votre transaction et elle ne sera pas confirmée si vous n'incluez pas de commission.

» **Un XRP n'a pas besoin d'un « chemin de confiance » pour être échangé.** Cela facilite les échanges lorsqu'il n'y a pas de confiance entre des parties. Vous aurez besoin d'effectuer un échange XRP au milieu pour faciliter l'échange entre des parties non certifiées ou avec un marché à faibles liquidités. D'autre part, Bitcoin est un système sans confiance. Il permet à n'importe laquelle des deux parties d'échanger, même si les deux parties ne se font pas confiance, mais l'échange est limité aux tokens bitcoin. Cette fonctionnalité supplémentaire de Ripple permet aux utilisateurs de tout échanger.

» **Ripple sélectionne le nœud choisi pour sécuriser le consensus de système pour le réseau.** Ce n'est pas aussi ouvert que Bitcoin où n'importe qui peut pleinement participer dans le réseau. Cela veut dire que Ripple est en quelque sorte centralisé, mais deviendra plus décentralisé avec le temps.

Lâcher toute la puissance de Ripple

Ripple a cessé d'ouvrir de nouveaux comptes de portefeuilles de consommateurs sur Ripple Trade, son portail orienté consommateurs. Pour l'essentiel, Ripple a également retiré tous ses produits destinés aux consommateurs. Le fardeau réglementaire des services apportés aux consommateurs était trop élevé et a été clarifié par la décision du Financial Crimes Enforcement Network (FinCEN) concernant la nécessité pour les participants de l'écosystème de la monnaie virtuelle de s'inscrire comme entreprises de services monétaires en vertu de la loi fédérale.

Le réseau qui se développe hors du portail consommateurs ne rivalisera pas avec la croissance du réseau bancaire pour Ripple. À l'heure actuelle, Ripple concentre ses efforts sur le service des grands clients d'entreprise. Les banques sont celles qui ont réellement besoin que Ripple leur offre ce qui leur est profitable.

En tant que consommateur, vous pouvez accéder à Ripple *via* des tiers. Le portefeuille auquel Ripple fait référence est GateHub.

Le portefeuille GateHub stocke toutes vos différentes monnaies, vous permet d'envoyer de l'argent, et vous permet de commercialiser de l'or, de l'argent, du XRP et du bitcoin sur le réseau Ripple directement à partir de votre porte-monnaie. Il vous montre également la valeur nette de vos différentes monnaies, car elles fluctuent avec le marché.

GateHub vous obligera à vous identifier, et la configuration de votre compte prendra du temps. Lorsque votre compte sera opérationnel, vous pourrez explorer la puissance du réseau Ripple.

Suivez ces étapes pour démarrer et exécuter sur GateHub :

1. **Accédez à** www.gatehub.net.
2. **Cliquez sur Inscrivez-vous.**
3. **Entrez votre adresse email et votre mot de passe, puis cliquez sur Inscrivez-vous.**
4. **Enregistrez votre clé de récupération dans un endroit sûr.**
5. **Vérifiez votre courrier électronique.**
6. **Vérifiez votre identité. GateHub vérifie votre identité et vous demande votre numéro de téléphone, un nom, une photo, et des documents de support.**

   Après avoir fourni vos informations personnelles, GateHub préparera votre compte et vous serez prêt à échanger au sein du protocole Ripple.

À ce stade, vous pouvez envoyer des fonds à votre nouveau compte depuis vos portefeuilles Bitcoin.

Si vous souhaitez construire n'importe quoi sur Ripple, vous devrez être un programmeur ou au moins avoir accès à l'un d'entre eux. Ripple dispose d'une excellente documentation et d'une équipe de support pour vous aider à démarrer.

binaison d'offres correspondantes qui capitalisent sur le petit déséquilibre entre les marchés et poussent également leurs transactions dans une position optimale dans le registre. Les traders en profitent alors en prenant la différence de prix dans ces deux marchés.

Un bot informatique est un agent logiciel automatique ou semi-automatique qui interagit avec des serveurs informatiques. Un bot se connecte et interagit avec le serveur comme un programme client utilisé par un humain, d'où le terme « bot », qui est la contraction par aphérèse de « robot ». (source Wikipédia)

» **Grand** *front running* **commercial :** La structure et la latence dans le consensus Ripple expose le réseau à un nouveau type de front running dans les gros échanges. Il est possible d'agir ainsi car chaque nœud dans le réseau diffuse des transactions à d'autres nœuds de confiance. Pendant ce temps, les robots surveillent toutes les transactions pour saisir les opportunités de sauter sur de gros échanges.

Le robot achètera les offres initiales pour réaliser le gros achat et les revendra à la hausse vers le propriétaire initial. Dans le même temps, les bots vont également repositionner les transactions dans le grand livre pour que cela se produise. Le résultat net de ce comportement est que le propriétaire original recevra moins de valeur dans la transaction.

Ripple est excellent pour garder les exploits hors de son réseau et offre ouvertement aux programmeurs de gagner de l'argent grâce à la recherche de bogues, d'exploitations et de vulnérabilités. Il est fort probable que ces deux bogues soient réparés dans un futur proche.

Chapitre 7

Découvrir la blockchain Factom

DANS CE CHAPITRE :

- » **Faire des entrées dans Factom**
- » **Plonger dans la structure de la chaîne**
- » **Dévoiler l'identité sur la blockchain**
- » **Voir Factom à l'action**

La blockchain Factom est un outil puissant qui aidera la technologie de la blockchain à l'échelle de l'industrie. Elle est différente des autres blockchains publiques et possède des propriétés uniques qui la rendent idéale pour la publication de flux de données et de sécurisation des systèmes. Derrière la blockchain Factom, il y a une société – Factom, Inc. – qui dirige son développement et construit des outils et des produits en plus du protocole.

Le logiciel Factom est intégré dans des systèmes qui régissent l'identité et la sécurité des personnes et des choses. Ils intègrent et relient également d'autres blockchains et de la technologie blockchain. La liaison entre blockchains améliore la sécurité de Factom et rend les autres blockchains plus interopérables.

Ce chapitre explique comment fonctionne Factom, vous renseigne sur ses propriétés uniques et fournit des instructions faciles à suivre qui vous aideront à commencer à l'utiliser. Après avoir lu ce chapitre, vous comprendrez plusieurs des concepts fondamentaux de la technologie blockchain Factom et vous saurez où cela ajoutera de la valeur à vos projets blockchain.

C'est peut-être le moment de mentionner que je suis un cofondateur et le responsable marketing de Factom, Inc. Bien que mon but soit l'objectivité, mon enthousiasme pour Factom est difficile à cacher.

Une question de confiance

Les blockchains par essence permettent aux différentes entités de coopérer et de collaborer sans avoir à faire confiance à la sécurité des données ou aux processus commerciaux. Historiquement, les intermédiaires de confiance ou les consortiums du monde de la blockchain ont permis que cela se produise, mais ceux-ci ont des frais généraux élevés et ne font que transférer la confiance à une autre partie. Les blockchains transfèrent la confiance à un réseau de tiers non éliminés et, en fin de compte, aux mathématiques.

Factom, Inc., est une société qui fabrique un logiciel blockchain au-dessus de la blockchain Factom à accès libre. Le logiciel de gestion des enregistrements de Factom fonctionne à un niveau élevé en publiant des données cryptées ou une empreinte cryptographique unique de ces données sur la blockchain Factom (illustrée à la Figure 7.1). Des mesures supplémentaires sont prises pour sécuriser le réseau en publiant un hachage de l'ensemble de la blockchain Factom toutes les dix minutes dans plusieurs autres blockchains publiques. Cette fonctionnalité de publication supplémentaire rend Factom différente de la plupart des blockchains publiques.

Le concept du protocole a été présenté en tant que livre blanc en 2014 pour aborder les problèmes d'évolutivité de Bitcoin. Lorsque les applications décentralisées ont commencé à se sécuriser elles-mêmes dans Bitcoin, il est devenu évident que l'entrée de données dans la blockchain Bitcoin était prohibitivement coûteuse, et que Bitcoin ne pouvait pas gérer des volumes transactionnels élevés. Il n'y avait aucun moyen d'obtenir 5 ko de données métaphoriques dans le récipient Bitcoin de 2,5 ko.

Le protocole Factom a été conçu pour répondre aux limites de coût et de volume des autres blockchains. L'objectif principal était de sécuriser les données et les systèmes. Pour cette raison, Factom est souvent décrit comme un *moteur de publication*. Il permet aux utilisateurs d'écrire des données dans son grand registre pour une somme modique. Ces entrées sont limitées à 10 kibibytes, elles ont un coût fixe moins onéreux et ont plus de capacité de volume de transactions en ordre de grandeur comparé aux blockchains qui utilisent le proof-of-work.

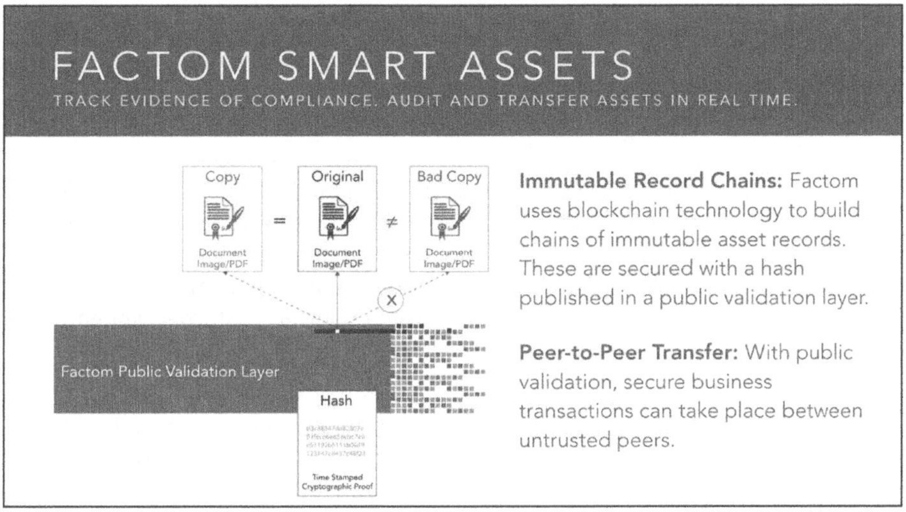

FIGURE 7.1 La structure de la blockchain Factom.

Un concept important à comprendre est que la blockchain Factom est construite en couches et en chaînes. Les couches ont trait à la structure des données. Elles utilisent les arbres de Merkle pour laisser la preuve cryptographique que toute donnée a été publiée dans Factom. La preuve cryptographique, appelée une racine Merkle (32 caractères aléatoires qui peuvent représenter un arbre entier de données individuelles), est ensuite publiée dans d'autres blockchains publiques comme Ethereum. Il s'agit d'une sécurité redondante que d'autres blockchains n'offrent pas.

Un arbre de Merkle est un arbre mathématique construit par hachage de données appariées, puis il y a un jumelage et hachage des résultats jusqu'à ce qu'un seul hash reste connu sous le nom de racine de Merkle. Cette preuve cryptographique a été nommée d'après Ralph Merkle en 1979.

Organiser des données en chaîne aide à la scalabilité (capacité du système à s'adapter à la demande, à la montée en charge). Les chaînes permettent aux applications de ne récupérer que les données qui les intéressent depuis la blockchain Factom, sans avoir à télécharger le jeu de données complet. La façon dont elles fonctionnent est très simple : vous pouvez publier vos données dans une chaîne existante dans Factom ou vous pouvez créer une nouvelle chaîne. L'identification de la chaîne est ensuite utilisée dans les éléments ultérieurs que vous publiez comme moyen de retracer les données qui vous intéressent.

L'objectif de la blockchain Factom : tout publier

Factom est une plateforme de publication. À sa base, elle a été conçue pour publier et valider toutes les données. Tous les autres outils sont construits autour de ces fonctionnalités simples. Factom peut gérer des transactions pouvant atteindre 10 kibibytes. Les transactions plus importantes ont besoin d'une structuration spéciale et requièrent plusieurs entrées. Alternativement, un hash qui représente les données peut également être publié.

Parce que le protocole Factom est open source, le système est d'utilité publique. C'est un endroit où tout le monde peut publier quoi que ce soit et être sécurisé par la blockchain Factom. Il n'est pas surprenant que certaines personnes aient publié des contenus obscènes, mais la limite de la taille d'entrée ne leur permet pas de beaucoup publier. En outre, le courrier indésirable est freiné dans le système en chargeant un petit montant par entrée. Donc, si vous voulez jurer dans la blockchain, cela vous coûtera cher.

Les factoids sont la crypto-monnaie du réseau Factom. Les systèmes décentralisés ont besoin d'un mécanisme de récompense pour inciter les participants. Avoir ce système fermé nécessite de coopérer et permet la création de valeur du réseau sur le long terme. Les factoids peuvent être négociés et achetés comme l'une des 700 autres crypto-monnaies du marché. En fin de compte, les factoids sont utilisés pour acheter des crédits d'entrée pour le réseau Factom.

Le coût d'une entrée est fixé, alors que le coût d'un factoid fluctue. Tant que la valeur du factoid augmente, l'utilisateur peut acheter plus de crédits d'entrée. Ce système permet aux utilisateurs d'être séparés des jetons échangeables et de maintenir le coût fixe pour les consommateurs tout en permettant un marché libre sur la spéculation des factoids. Cette fonctionnalité a été intégrée dans la version initiale de Factom pour permettre aux industries fortement réglementées et les gouvernements d'utiliser la technologie blockchain sans se salir les mains avec des jetons échangeables.

Début 2017, le réseau de Factom compte environ 40 000 entrées par jour. Celles-ci incluent des éléments comme l'indice Russell 3000 et un record quotidien de prix d'altcoin. Ces enregistrements sont utilisés comme références historiques et peuvent être utilisés comme entrée pour des contrats intelligents ou pour prouver l'historique.

Le stockage et l'accès aux données sont aujourd'hui un problème généralement résolu dans l'industrie blockchain. Les sauvegardes d'ordinateur peuvent être reproduites et archivées à grande échelle. Un gros problème qui reste à régler est de savoir quel document affiche la révision la plus récente, en particulier à travers différentes organisations. Avec un système de gestion de documents basé sur blockchain, les organisations peuvent veiller à ce qu'elles réutilisent les mêmes documents que leurs partenaires.

Incitations à la fédération

De nombreuses blockchains, telles que Bitcoin et Ethereum, utilisent un consensus « preuve de travail ». Dans ce genre de blockchain, l'algorithme de consensus est de savoir comment une blockchain donne son accord à propos d'une nouvelle donnée entrée dans le système. Le système de consensus examine si de nouvelles données sont valides. Les blockchains publiques nécessitent un système robuste parce que n'importe qui peut ajouter des données à une blockchain. Leur mécanisme de consensus est l'ensemble de règles qui déterminent ce qui rend un bloc valide et quelle chaîne devrait être de confiance.

La preuve du travail présente de nombreuses caractéristiques qui la rendent très attrayante. Elle peut souvent nécessiter un investissement en capital dans un matériel informatique spécialisé et un accès à l'électricité (la moins chère, la meilleure). Cela signifie que la seule exigence pour faire autorité dans le système est de consommer de l'électricité avec le matériel de base. Cela signifie également que, pour réécrire l'historique, une quantité d'énergie équivalente doit être consommée. Cette dépense rend l'historique de réécriture non profitable et, par conséquent, improbable.

La preuve du travail est excellente pour sécuriser les blockchains. D'autre part, elle consomme beaucoup d'énergie et coûte cher à opérer. C'est une course aux armements cannibales où les ordinateurs les plus rapides gagnent, et chaque gigahash supplémentaire ajouté au réseau augmente le défi.

Plus il y a de données contenues dans chaque bloc, plus il est difficile de valider. Les systèmes de preuve de travail comme Bitcoin requièrent également la blockchain complète pour valider un point de données spécifique dans le système. Pour que les autres prouvent que la transaction que vous avez réalisée dans la blockchain Bitcoin est valide, ils doivent tous avoir téléchargé la blockchain Bitcoin. Actuellement, cela dure plusieurs jours.

Factom ne pose pas la question : « Une entrée est-elle valide ? ». Mais plutôt « L'entrée a-t-elle été payée ? ». Les utilisateurs du système sont ceux qui valident les entrées. Factom structure également les données dans les sous-chaînes qui peuvent être analysées individuellement pour prouver la validité de toute entrée sans télécharger la blockchain dans son intégralité

La Figure 7.2 montre un schéma de la structure de la chaîne Factom.

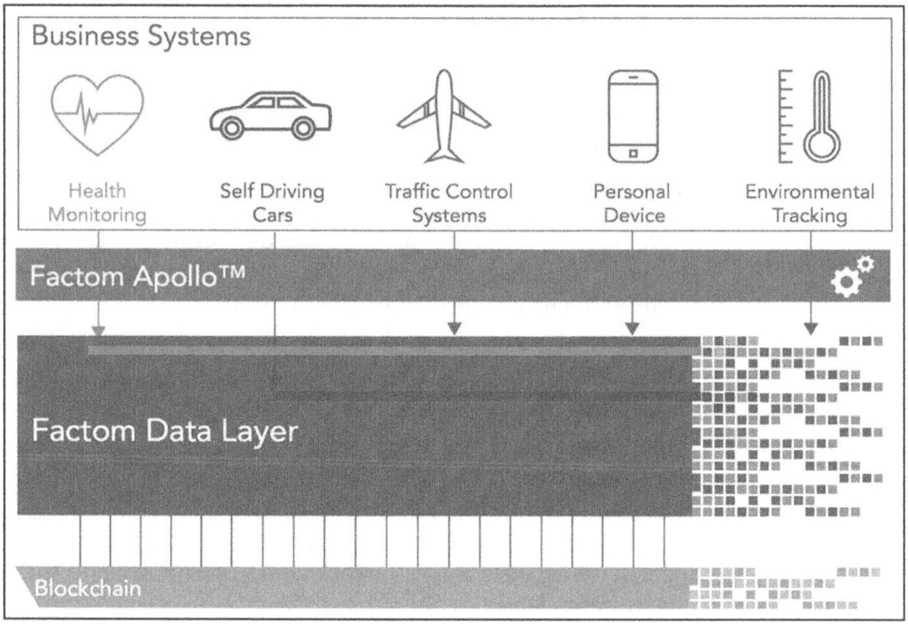

FIGURE 7.2 La structure de la chaîne Factom.

Factom a été structurée de cette façon pour des applications commerciales parce que des membres d'une industrie ne peuvent pas télécharger toutes les données non pertinentes concernant une industrie indépendante. Par exemple, vérifier que tous les documents liés à une hypothèque ont été comptabilisés ne nécessite pas non plus le téléchargement de l'historique d'années de cotation boursière.

La blockchain Factom se propage également pour sécuriser son réseau contre la corruption de données. Toutes les *x* minutes, elle crée une petite ancre dans Bitcoin et Ethereum.

Cela entraîne deux choses importantes :

» **D'abord et le plus important, cela empêche les serveurs construisant la blockchain Factom de réécrire l'historique de manière non identifiable.** Parce que les serveurs ne peuvent pas contrôler Bitcoin ou Ethereum, n'importe quel historique qu'ils ont enregistré est permanent.

» **Cela empêche les serveurs de Factom de montrer deux versions différentes de la blockchain à différentes personnes.** La customisation personnelle des pages Web est quelque chose qu'Amazon et Facebook font régulièrement. Montrer des histoires de transactions commerciales conflictuelles est la recette de l'incompréhension. Parce qu'il n'y a qu'une seule blockchain Bitcoin, cela empêche des versions de l'historique d'être créées.

Bâtir sur Factom

Factom a été créée pour que les applications y soient intégrées. Elle est construite pour les économies d'échelle, la vitesse et le faible coût, et pour prendre en compte la sécurité de la blockchain Bitcoin et rendre cette permanence accessible au-delà de ce qui peut être contenu dans son espace limité.

LE « CRAZY EIGHT »

Factom, Inc, a démarré comme un projet visant à réduire Bitcoin et est devenue une société de logiciels d'entreprise qui construit des applications et des produits pour le gouvernement et de grandes institutions. La compagnie formée par l'équipe Fatcom a eu huit fondateurs originaux issus d'un milieu mixte de ventes, de développement et d'ingénierie.

Il s'agit d'une équipe fondamentalement importante qui a besoin d'une autre façon de gouverner, de diviser la responsabilité et de répartir l'équité. Elle a adopté Holacracy, une structure de gestion qui ressemble beaucoup aux réseaux décentralisés qu'elle crée. L'autorité et les décisions sont distribuées parmi les managers. Le consensus est créé hebdomadairement à travers un rendez-vous de 45 minutes.

La société est basée à Austin, Texas, et a des projets mondiaux qui impliquent l'identité, la gestion de documents, l'immobilier et l'IOT. Dans chaque cas, Factom travaille sur la tenue de dossiers et le partage. Elle a un partenariat avec Smartrac, un fabricant et un fournisseur de produits d'identification par radiofréquence (RFID) et de solutions IOT, pour sécuriser les documents reproducteurs (comme les certificats de naissance, qui permettent aux personnes d'obtenir d'autres documents, comme les cartes de sécurité sociale ou les permis de conduire) et de prévenir le vol d'identité. Elle travaille sur la sécurité et l'identité de l'IoT avec le Département de la Sécurité intérieure et la gestion des dossiers médicaux avec la Fondation Gates.

Authentification de documents et création d'identités à l'aide des API

Factom est sortie avec un ensemble d'interfaces de programmation d'applications (API) qui peut être utilisé par les équipes de développement pour gérer et authentifier des documents et créer des identités pour les personnes et les choses. Vous avez toujours besoin d'un développeur pour vous aider, et elles sont conçues pour l'intégration d'entreprise, mais pas idéales pour le moment pour un petit projet.

Il existe deux principaux domaines pour le grand public :

- **Apollo :** Apollo est votre option de publication et d'authentification. Il permet aux utilisateurs de déverser d'énormes montants de données dans Factom et de s'y référer par la suite si besoin, historiquement. Cela pourrait être un endroit idéal pour publier une archive de vos sites Internet ou pour mettre à jour vos protocoles, par exemple.
- **Iris :** Iris est la plateforme utilisée pour bâtir une identité. C'est la technologie sous-jacente derrière le projet d'identité de l'Internet des objets pour le Département de la Sécurité intérieure. Il construit sur la plateforme Apollo pour la gestion des enregistrements.

Vous pouvez utiliser les API sans avoir besoin de configurer une blockchain ou d'exécuter un portefeuille de crypto-monnaies. Cela vous dédouane du souci du processus et est idéal pour ceux qui s'inquiètent de la zone grise réglementaire dans laquelle la crypto-monnaie continue de tomber.

Connaître le factoid : un token anormal

Factom dispose d'un système de tokens de valeur unique, qui utilise quelque chose nommé le factoid. Le factoid est un produit numérique qui peut être négocié sur certaines places de change. Ce n'est pas une monnaie à l'instar du bitcoin. Les factoids peuvent être convertis par le propriétaire en crédits d'entrée (tokens non transférables utilisés pour acheter le pouvoir de publication dans le réseau Factom). Cette transaction est à sens unique et elle ne peut être annulée. Les factoids sont brûlés et sont éliminés de la circulation.

Le prix du factoid fluctue selon la spéculation et l'utilité. Les crédits d'entrée, d'autre part, ont un prix stable qui est maintenu à 0,001 US$. Cela correspond aux frais payés pour publier un coût prévisible.

L'équipe de Factom a émis un certain nombre de tokens pendant la vente publique pour augmenter les fonds pour le développement principal de Factom. À ce stade, le réseau de Factom n'a pas atteint une fédération complète de 32 nœuds comme indiqué dans le livre blanc. Quand les réseaux Factom atteindront 32 nœuds, le réseau commencera à regrouper les nœuds fédérés et les nœuds d'audit avec de nouveaux tokens.

Les nœuds fédérés sont des nœuds qui sont élus par le réseau pour conserver un consensus et valider les transactions. Les nœuds de vérification vérifient l'honnêteté de ces nœuds et prendront l'un de leurs postes en tant que nœud fédéré si un nœud fédéré donné est hors ligne ou déroge à une règle du système.

La délivrance de nouveaux factoids aux serveurs couplés à l'extinction des factoids par les utilisateurs représente un transfert de valeur. Les utilisateurs paient effectivement le fonctionnement des serveurs.

Ancrage de votre application

La technologie blockchain a ouvert les portes à de nouveaux produits et services. Les blockchains servent elles-mêmes de base sur laquelle l'ancienne technologie peut se réinventer ou l'innovation se construire. Chaque blockchain possède ses propres propriétés uniques qui la rendent idéale pour des applications spécifiques.

Factom est particulièrement utile pour sécuriser l'information, mais elle a encore des limites : la taille de chaque entrée et le fait que plus vous publiez, plus cela coûte cher. Factom est idéale pour stocker de gros fichiers dans une solution en cloud, puis utiliser des pointeurs dans Factom pour localiser ces fichiers pour votre application.

Factom est principalement utilisée comme un système de gestion des documents, des données et de la création d'identité. Elle s'intègre avec d'autres blockchains, et peut être utilisée pour créer un oracle pour votre contrat intelligent.

Publication sur Factom

Factom a été construite par des développeurs pour les développeurs. Il faut utiliser votre terminal et télécharger un logiciel spécial pour utiliser votre portefeuille et créer des entrées dans le réseau.

L'équipe de Factom a travaillé dur pour construire en premier un système robuste. Elle a une documentation qui vous guidera dans le processus et un dépôt GitHub avec tous ses logiciels libres pour que vous puissiez réviser et même contribuer. Des efforts ont été faits pour que Factom soit plus conviviale pour les consommateurs, mais pour ce faire cela demandera encore un peu de temps.

FreeFactomizer est l'une de mes applications favorites créées par un fan de Factom. Elle est très simple à utiliser et vous permet de vérifier la fonctionnalité de base de Factom sans être un développeur, d'ouvrir un terminal ou d'effectuer un codage. Elle crée un hachage de données que vous entrez dans une zone de texte ou lorsque vous téléchargez un fichier. Elle rassemble ensuite d'autres hachages de documents soumis par d'autres visiteurs. Toutes les dix minutes, elle combine tous ces hachages en une entrée dans la blockchain Factom. Elle offre une simple preuve d'existence.

FreeFactomizer est un service gratuit fourni par individu, pour lequel cela coûte de l'argent, si bien qu'à l'avenir, il pourrait ne plus être rendu disponible. Il n'y a également aucune garantie d'aucune sorte.

Pour utiliser FreeFactomizer, suivez ces étapes :

1. **Aller sur** https://freefactomizer.com/.

   La Figure 7.3 montre la page d'accueil de FreeFactomizer.

2. **Téléchargez un document à hacher.**

   N'utilisez pas un document important, qui contiendrait des informations sensibles, car ce service n'est pas garanti ou sécurisé.

3. **Cliquez sur Factomize the File Signature.**

   Il vous est donné un temps estimé pour la durée que prendra le document avant d'être ajouté dans Factom.

4. **Attendez que le fichier soit ajouté dans Factom.**

   Cela prend au moins dix minutes pour que votre document soit regroupé avec d'autres documents et données. Lorsque ce procédé est complété, FreeFactomizer vous donne un lien qui vous renvoie à Factom Explore.

5. **Vérifiez l'entrée en utilisant Factom Explore, un outil de recherche pour la base de données Factom qui vous permet de vérifier vos entrées.**

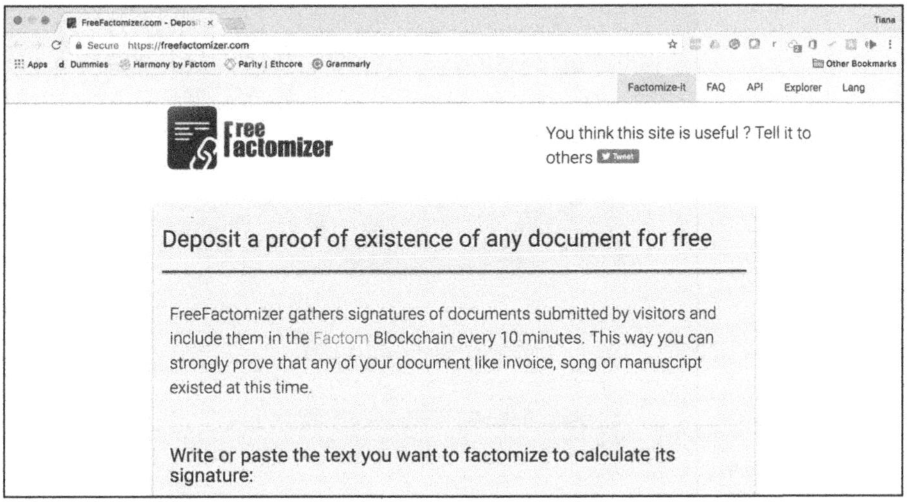

FIGURE 7.3 FreeFactomizer est une excellente solution pour essayer la blockchain Factom.

Une autre possibilité est d'uploader votre document une nouvelle fois. Cela va renvoyer une note comme ceci : « Signature already registered. » Cela signifie qu'ils l'ont déjà ajouté à Factom.

Félicitations ! Vous avez enregistré une empreinte digitale dans Factom et exploré ses fonctionnalités principales.

Bâtir la transparence dans l'industrie hypothécaire

Factom Harmony, un service de gestion de documents blockchain, est le premier produit commercial de l'entreprise. Il est destiné aux créanciers hypothécaires, les institutions qui émettent des prêts aux consommateurs pour les propriétés.

Factom Harmony (illustré à la Figure 7.4) fonctionne en convertissant différents systèmes d'imagerie utilisés par les banques dans une blockchain pour les documents. Il crée et gère des entrées en temps réel lorsque l'hypothèque est traitée. Ensuite, il obtient un enregistrement des données dans Factom, permettant de partager les métadonnées de manière transparente et indique les données confidentielles entre les parties de confiance.

En termes simples, Factom Harmony est un catalogue de documents basé sur un système d'imagerie. C'est une amélioration radicale par rapport aux systèmes

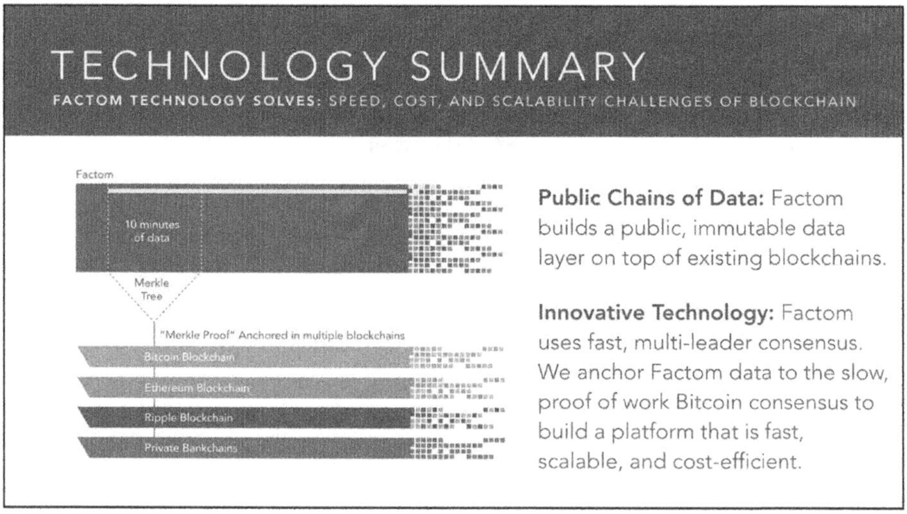

FIGURE 7.4
Factom Harmony.

existants, car les individus qui s'impliquent des années plus tard peuvent être sûrs que les documents qu'ils ont remis sont identiques à ceux qui ont généré le prêt. Les acheteurs hypothécaires ne doivent plus faire confiance à la suite fastidieuse des nombreux changements intermédiaires entre l'origine et eux-mêmes.

Factom espère saisir une partie de la valeur résultant de l'élimination des coûts associés à l'assemblage des documents. Les banques et les autres créanciers dépensent actuellement énormément de temps pour s'assurer que les vérifications et les examens des enregistrements ne sont effectués que sur la base d'un ensemble correct d'enregistrements et de données. Cela se décompose souvent lorsque plusieurs parties prenantes se coordonnent en interagissant avec les documents de prêt dans des sources disparates.

Sécurisation des données sur la blockchain : la voûte numérique

Factom Harmony (voir la section précédente) permet de stocker les données et documents spécifiques, utilisés pour la décision et la conformité, dans une blockchain permanente, tout en partageant ces données avec n'importe quelle partie qui en a besoin. Les données qui ont été stockées dans ce système ont une version claire de l'historique. Les données manquantes sont également évidentes. Il a été conçu pour des scénarios comme les audits, les poursuites judiciaires, les opérations de préfinancement, la négociation de prêts, la sécurisation et les examens réglementaires.

Les limitations de la technologie de base, au cours de la décennie précédant le crash du marché de 2008, ont porté sur la vitesse, le débit, la gestion des listes de contrôle et la collecte de documents. Les systèmes n'ont pas été conçus pour collecter des enregistrements et les données associées, ni pour conserver de façon permanente la preuve des décisions et des actions.

L'environnement réglementaire d'aujourd'hui exige que les entreprises soient beaucoup plus diligentes dans leurs documents pour enrichir et conserver les enregistrements et les données associées à chaque décision. Toute lacune dans la documentation du processus est souvent attribuée à la malveillance. Et la capacité de préserver parfaitement la preuve des données et des décisions qui y sont associées n'est pas assurée.

Comment Harmony fonctionne avec la technologie Factom

La technologie Factom est une combinaison de la technologie blockchain, des signatures numériques et d'un ensemble de fonctions cryptographiques développées par l'Institut national des Normes et de la Technologie des États-Unis (NIST). Une série de points de données est préservée avec une preuve cryptographique sur d'autres blockchains qui permet aux utilisateurs de conserver les données et les documents pour une utilisation ultérieure. Ce processus crée un catalogue électronique de fichiers pouvant être consulté et validé à tout moment par des parties autorisées.

En utilisant la fonction cryptographique SHA-256, Factom génère un hachage de chaque document et chaque fichier de données stocké dans la blockchain Factom. Le hash crée une preuve cryptographique qu'une donnée n'a jamais été modifiée ou changée.

Un hash est une sorte d'empreinte digitale pour un ensemble de données qui représente le contenu d'un fichier, mais sans risque que les données soient exposées.

En outre, Harmony génère et stocke un ensemble de points clés de métadonnées avec le hash pour chaque document et fichier de données associés à l'enregistrement. Dans les documents de métadonnées, les fichiers de données sont associés et liés à l'aide des mêmes outils cryptographiques. Ces métadonnées ainsi que les hachages sont inscrits sur la blockchain Factom.

Utilisation de la blockchain en tant que témoin public

Factom crée plusieurs témoins publics pour les données qu'elle sécurise. Sa blockchain est minuscule par rapport aux béhémoths (créatures géantes) telles que Bitcoin et Ethereum. Son système n'a pas d'exploitation minière dans le cadre du mécanisme de consensus. Actuellement, le système ne produit même pas de nouveaux tokens. Plus une blockchain est grande et décentralisée, plus elle est sécurisée contre la réussite d'une attaque

La crypto-monnaie minière est ce que la plupart des blockchains publiques possèdent pour se sécuriser. C'est ce qui incite les nœuds à rejoindre le réseau.

Factom surmonte cet obstacle avec une méthode intelligente qui lui confère une sécurité accrue. Elle ancre les données placées dans la blockchain Factom dans Bitcoin et Ethereum. Cela se fait toutes les dix minutes à travers le hachage. Elle prend le jeu de données complet et le hache jusqu'à ce qu'il n'y ait plus qu'un seul hash qui puisse représenter l'ensemble de la blockchain de Factom.

Vérification des documents physiques : dLoc avec Factom

Smartrac, le grand développeur, fabricant et fournisseur international de transpondeurs RFID, d'incrustations, de prélaminés et de cartes semi-finies, s'est associé à Factom. À partir de ce partenariat, une nouvelle façon de sécuriser les objets physiques avec des blockchains a été créée. Ce produit et service s'appelle dLoc. dLoc a été conçu comme un autocollant qui peut être placé sur presque n'importe quoi. Il a une utilité spéciale pour les documents papier tels que les documents d'éleveurs.

dLoc est un système de gestion de documents sécurisé de bout en bout qui utilise à la fois le matériel et les logiciels. dLoc, l'autocollant codé par Smartrac, transpondeur de communication Near Field Communication (NFC), avec une puce intégrée, est placé sur des documents ou d'autres produits, puis les sécurise à l'aide de la blockchain Factom.

Les protocoles de communication NFC permettent à deux dispositifs électroniques d'établir une connexion lorsqu'ils sont rapprochés.

En combinant un logiciel basé sur le cloud avec la technologie de Factom, une identité immuable est créée au fil du temps pour tout usage. Les personnes atteintes de certains niveaux d'autorisation peuvent accéder et valider le document physique à l'aide de l'application mobile dLoc.

dLoc permet également aux agences ou aux entités émettrices de transformer leurs documents en instances numériques qui peuvent être facilement connectés aux systèmes numériques existants et combler l'écart entre les mondes hors ligne et en ligne. Cette solution peut être appliquée à une large gamme de documents tels que les certificats de naissance, les titres fonciers, les documents des tribunaux et les dossiers médicaux.

dLoc représente le premier système pratique d'authentification de documents qui utilise la blockchain Factom pour résoudre l'écart d'intégrité des données entre le monde physique et le monde numérique. C'est le premier moyen fiable pour sécuriser l'information sur les documents papier avec des données numériques à l'aide de la technologie blockchain. La solution d'authentification des données et d'identité de dLoc est très prometteuse pour les secteurs publics et privés, où les documents papier sont largement utilisés.

dLoc n'élimine pas la fraude. Les gens resteront des gens et trouveront des moyens de contourner, de circonscrire et de voler. Cette technologie rend cela beaucoup plus difficile et coûteux de le faire. À ce stade, quelqu'un peut acheter une nouvelle identité ou falsifier des biens presque partout. Et dans certains cas, ces identités sont indiscernables des documents authentiques et des produits d'origine.

dLoc a été créé comme un moyen d'étendre l'impossibilité de la technologie blockchain à des objets physiques et à des documents. Ils ont également créé un système qui peut vous informer si votre identité est falsifiée et la possibilité d'agir le cas échéant.

Chapitre 8

Creuser DigiByte

DANS CE CHAPITRE :

- » **Connaître DigiByte**
- » **Débuter le minage sur DigiByte**
- » **Jouer pour des tokens**

DigiByte est la blockchain qui possède l'espace de jeu. C'est un système unique qui fonctionne bien avec de nombreuses applications intéressantes, du jeu à la gestion de documents. L'équipe de DigiByte a découvert le bon compromis de vitesse, d'accessibilité et d'utilité pour les blockchains.

Un aspect unique de DigiByte est l'apparence d'algorithmes séparés, dont chacun représente 20 % des nouveaux blocs. C'est une grosse entreprise, car la plupart des blockchains ne fonctionnent que sur un seul algorithme, et seuls les nœuds les plus rapides gagnent des tokens.

Chacun des cinq algorithmes DigiByte va s'adapter à un type différent de mineur, ce qui rend le protocole DigiByte attrayant pour plus d'utilisateurs, et offre une décentralisation accrue. En raison de l'approche de ce protocole, les attaquants devraient prendre le contrôle d'environ 60 % du taux de hachage total du réseau pour provoquer des problèmes. Cela impliquerait le contrôle d'au moins 93 % d'un algorithme et 51 % des quatre autres (par rapport à Bitcoin, qui exécute un algorithme et est sujet à une attaque à 51 %). Le concept d'attaque de 51 % est l'une des plus grandes faiblesses de la blockchain Bitcoin. Si plus de 51 % des mineurs du réseau Bitcoin sont contrôlés par un groupe, ils peuvent manipuler la blockchain Bitcoin. Si le réseau est compromis, le token perdra sa valeur et les données sécurisées dans le réseau seront compromises.

Ce chapitre se plonge dans les applications pratiques et l'avenir de la blockchain DigiByte et explique les utilisations basiques de cette technologie.

Devenir familier avec DigiByte : la blockchain rapide

DigiByte, également connue sous le nom de crypto-monnaie DGB, est une blockchain axée sur les jeux, les paiements et la sécurité. La société est basée à Hong Kong et a été fondée par Jared Tate. Tate est issu d'un milieu militaire et scientifique et est impliqué dans Bitcoin depuis de nombreuses années. Après avoir été frustré par le développement de Bitcoin core, il a lancé DigiByte en 2014 et a effectué une levée de fonds afin d'élargir son champ de travail au paiement et au commerce.

L'équipe DigiByte a fait un travail incroyable que de nombreux autres projets utilisent. Actuellement, DigiByte traite 300 transactions par seconde. Par comparaison, Bitcoin effectue environ 7 transactions par seconde. L'équipe a de nombreux objectifs motivants pour son projet, y compris la vitesse de transaction de Visa visée pour 2021.

DigiByte est l'un des réseaux les plus largement distribués, avec plus de 8 000 nœuds dans 82 pays. Il fonctionne comme Bitcoin en ce sens qu'il peut être utilisé pour transférer de la valeur entre deux parties, rapidement et à très faible coût. Il possède également les mêmes fonctionnalités que Bitcoin, car il peut sécuriser une petite quantité d'informations dans sa blockchain. Grâce à ce mécanisme, il vous permet de sécuriser les données, les documents et les contrats à une vitesse encore plus rapide que Bitcoin.

L'équipe accessible chez DigiByte a également travaillé dur pour rendre son projet amusant. L'équipe s'occupe des jeux sur la plateforme et propose des choses intéressantes. DigiByte possède un GitHub et est un produit open source sous licence MIT.

DigiByte Gaming, une division de DigiByte, est une plateforme utilisant la crypto-monnaie dans l'environnement de jeu pour faciliter un nouveau type de publicité numérique. Il a une base d'utilisateurs croissante de plus de 10 000 utilisateurs. C'est une forme de marketing d'autorisation, où les campagnes et les incitations stimulent l'engagement de la marque avec les prix et les primes en crypto-monnaie. La capacité de faire des micropaiements sécurisés, qui sont quasiment sans pareil, offre à ce type de plateforme de commercialisation un avantage concurrentiel très intéressant.

L'engagement sans frontière permet aux entreprises d'atteindre une audience plus large. La crypto-monnaie permet également aux entreprises de réaliser des paiements, de montant indéterminé, à n'importe qui dans le monde. Il sera excitant de voir le marketing DigiByte se développer au-delà de l'industrie du jeu.

Miner sur DigiByte

DigiByte utilise cinq algorithmes d'extraction pour traiter les transactions. Chaque algorithme représente 20 % de tous les blocs créés sur le réseau. Ce système fait de DigiByte une blockchain unique et diversifiée.

L'équipe de DigiByte a vu qu'il y avait un réel avantage de permettre différents types de minage sur sa plateforme. Dans les systèmes qui ont un algorithme unique, seule la technologie la plus rapide et la plus récente gagne. Cela crée une sorte de course à l'armement pour la technologie et la vitesse. Parce qu'il permet à tous les différents types de machines de gagner des tokens avec succès, le système DigiByte est ouvert à une plus grande diversité et participation.

Voici un découpage du système des cinq algorithmes de DigiByte :

- **SHA-256 (https://dgb-sha.theblocksfactory.com) :** Vous devez avoir de l'équipement de minage ASIC pour utiliser l'option de minage SHA-256 pour DigiByte.
- **Scrypt (https://dgb-scrypt.theblocksfactory.com) :** Vous pouvez utiliser l'équipement de minage ASIC ou GPU pour exécuter Scrypt pour DigiByte.
- **Qubit (http://dgb-qubit.theblocksfactory.com) :** Qubit est un algorithme GPU pour miner DigiByte.
- **Skein (http://dgb-skein.theblocksfactory.com) :** Skein est un algorithme GPU pour miner DigiByte.
- **Groestl (http://dgb-groestl.theblocksfactory.com) :** Groestl est un algorithme GPU pour miner DigiByte.

La multiplicité des algorithmes de DigiByte incitera davantage d'individus à participer au minage en abaissant la barrière pour entrer dans le réseau avec succès. La décentralisation résultant de cette diversité a attiré de nombreuses utilisations intéressantes pour le réseau. Les mineurs de crypto-monnaies réutiliseront souvent les équipements d'extraction Bitcoin désuets sur le réseau DigiByte, non dénués d'avantages.

Cette section se plonge dans la façon d'obtenir certains des tokens DigiByte, connus sous le nom de DGB. Vous pouvez exploiter la crypto-monnaie et l'utiliser plus tard.

Si vous avez un vieux matériel de minage Bitcoin, il peut être utilisé pour gagner des DGB.

Avant de miner le DGB, vous devez calculer si le minage est une entreprise rentable. Suivez ces étapes :

1. **Allez sur** www.coinwarz.com/calculators.

   Là, vous trouverez un calculateur pour estimer le temps requis pour vous rembourser en minant différentes crypto-monnaies.

   La Figure 8.1 montre l'outil calculateur de coût et de profitabilité de CoinWarz.

2. **Dans le champ Pool Fees %, entrez** 3.

FIGURE 8.1 Le calculateur de coût et de rentabilité CoinWarz.

L'ÉVOLUTION DU MINAGE

Lorsque le Bitcoin a démarré, un ordinateur de bureau pouvait être utilisé pour miner. Cependant, l'augmentation du taux de hash pour la blockchain Bitcoin a très vite consommé toutes les ressources système des ordinateurs normaux pour se maintenir à jour.

Les blockchains qui ont atteint la difficulté de traitement en gigahashs sont au-delà des capacités des ordinateurs lambda. Même ce taux peut être prohibitif pour de nombreux mineurs. Cela requiert beaucoup d'énergie, de temps, et de ressources pour être profitable. Grâce au système à cinq algorithmes de DigiByte, vous pouvez toujours utiliser un ordinateur normal pour gagner des tokens.

Les mineurs Bitcoin ont découvert qu'ils pouvaient adapter l'unité de traitement graphique (GPU, *Graphics Processing Unit* ou processeur graphique d'une machine) dans les cartes graphiques d'ordinateurs pour miner. Le GPU s'est souvent avéré 50 fois plus rapide, moins gourmand en énergie, et donc moins cher à utiliser.

En 2011, des fermes de minage ont commencé à faire leur apparition. Elles utilisaient des équipements spécialisés appelés processeurs FPGA (*field-programmable gate array* ou réseau de portes programmables *in situ*). Ces dispositifs étaient reliés par USB aux ordinateurs des mineurs et utilisaient moins de puissance que les CPU ou GPU de minage.

Le meilleur équipement de minage utilise maintenant une application spécifique de circuit intégré (ASIC). Les machines ASIC minent à des vitesses de hachage extrêmes et, d'après mon expérience personnelle, elles peuvent être assez bruyantes. Si vous choisissez d'en acheter une, prenez votre temps et lisez les commentaires. Assurez-vous aussi qu'elle offrira un temps de remboursement raisonnable et qu'elle sera compatible avec ce que vous souhaitez miner.

Cela est une estimation haute pour participer à un groupe de minage. Il varie souvent entre 0.5 et 3 %.

3. **Dans le champ Hardware Costs (USD), entrez** 500.

   Le coût d'un équipement spécialisé varie largement. Une bonne estimation de prix moyen est de 500 $.

4. **Dans le champ Hash Rate (KH/s), entrez** 470000.

   Cela est l'estimation de la vitesse à laquelle votre machine peut hacher en kilohashs par seconde (KH/s), ou 1 000 calculs de hash par seconde. Plus le taux de hash est haut pour le minage sur une blockchain particulière, plus il est difficile de miner ce type de crypto-monnaie.

Vous pouvez également voir des mégahashs par seconde (MH/s), ou 1 million de hashs par seconde ; des gigahashs par seconde (GH/s) ou 1 billion de hashs par seconde ; des térahashs par seconde (TH/s), ou un trillion de hashs par seconde ; et des pétahashs par seconde (PH/s), ou 1 quadrillion de hashs par seconde.

5. **Cliquez sur calculer.**

   Le calculateur va vous donner une idée du coût et de la profitabilité pour engager le minage de la crypto-monnaie.

Signer des documents sur DiguSign de DigiByte

DiguSign, créé par l'équipe DigiByte, est une alternative intéressante aux services traditionnels de stockage en cloud et de signature électronique. DiguSign reprend les fonctionnalités de base de ces applications et ajoute la permanence et la vérifiabilité de la technologie blockchain. Cela vous permet de signer numériquement des documents et de les sécuriser dans la blockchain DigiByte.

L'équipe DigiByte pense que DiguSign sera très précieux pour les avocats, les fournisseurs de soins de santé et les domaines des services financiers où il est important de garder un historique de version clair pour les contrats et un suivi transparent des documents fournis, quand et à qui.

Vous pouvez relier votre compte DiguSign à vos fournisseurs de stockage cloud, tels que Google Docs, Dropbox et OneDrive. Jusque-là, chaque document devait être importé individuellement dans DiguSign. DiguSign dispose d'une version de test gratuite pour ce service qui vous permet de créer trois documents sauvegardés dans la blockchain ou des contrats.

DiguSign est encore en période de test, mais elle vous permet déjà de mémoriser, de personnaliser et de valider les documents numériques.

DiguSign publie un hash SHA256 de votre document en intégrant le hash dans une transaction de blockchain DigiByte. Cette transaction est alors sécurisée dans la blockchain DigiByte.

Pour configurer votre compte, suivez ces étapes :

1. **Allez sur** www.digusign.com **et inscrivez-vous pour un compte DiguSign.**

2. **Chargez votre document sur DiguSign.**

   Il vous est donné comme option de créer un modèle de document ou de contrat.

3. **Choisissez l'option pour créer un document.**
4. **Configurez toutes les signatures requises et les autres champs dans votre document.**
5. **Entrez les emails d'individus pour qui vous souhaitez e-signer votre document.**
6. **Choisissez l'option Sécuriser la version finale.** Lorsque toutes les parties ont signé le document, vous devez envoyer la version finale à la blockchain DigiByte en cliquant sur Sécuriser la version finale.

Vous avez créé une empreinte digitale quasi permanente de votre document à laquelle vous pouvez vous référer à tout moment.

Gagner des DigiBytes tout en jouant

DigiByte a établi la connexion entre la communauté de jeux pour les tokens numériques et la technologie blockchain. Les joueurs connaissent bien l'utilisation des devises numériques dans les jeux, de sorte que l'équipe DigiByte pense que c'est chose facile d'utiliser sa crypto-monnaie token comme un moyen d'inciter à l'engagement des utilisateurs.

DigiByte a mis en place des options pour gagner des tokens DigiByte en jouant à des jeux tels que *Counter-Strike*, *League of Legends* et *World of Warcraft*. Les prix sont offerts par des commandites par les entreprises de jeux et ne se basent pas sur le pouvoir de GPU d'un utilisateur pour miner.

DigiByte a créé une opportunité intéressante pour les entreprises de jeux de construire des modèles incitatifs supplémentaires pour gagner de nouveaux joueurs et conserver ceux existants. Il a également trouvé une manière intelligente pour les joueurs de convertir en argent les prix qu'ils gagnent dans un monde numérique afin de les dépenser dans le monde physique.

Vous pouvez gagner des DigiBytes sur le site de jeux DigiByte. Chaque jour, DigiByte offre de multiples « Quests », qui vous donnent l'opportunité de gagner ce qu'on appelle des XP. XP se traduit ensuite en DigiBytes à un débit journalier défini. Vous pouvez jouer à World of Warcraft ou à n'importe lequel des autres jeux, et recevoir des DigiBytes pour jouer.

Ensuite, vous pouvez échanger le token DGB sur des bourses d'échanges, telles que Poloniex, pour bitcoin. Et vous pouvez facilement transformer des bitcoins en d'autres devises. Il y a quelques couches de séparation, mais c'est une façon amusante de se faire payer.

Se lancer et exécuter pour gagner des DigiBytes en jouant est assez facile. Vous ne minerez pas pour gagner des tokens, mais vous n'aurez pas besoin d'ouvrir la ligne de commande pour démarrer non plus.

Suivez simplement ces étapes :

1. **Allez sur** www.digibytegaming.com.
2. **Créez un nouveau compte.**

   Digibyte vous permet de vous connecter avec vos réseaux sociaux, rendant cela plus rapide et facile à configurer.
3. **Vérifiez votre compte.**

   Vérifiez votre adresse email pour le lien.
4. **Allez sur** www.battle.net.

   Vous pouvez y créer un profil à lier à votre compte DigiByte. Ce profil servira de pont entre World of Warcraft et DigiByte.
5. **Configurez World of Warcraft sur votre ordinateur.** Si vous jouez déjà à ce jeu, vous pouvez connecter votre clé de jeu à cette étape.
6. **Retournez sur** www.digibytegaming.com.
7. **Cliquez sur l'option World of Warcraft.**
8. **Connectez-vous sur votre compte** battle.net.
9. **Ouvrez l'application World of Warcraft et commencez à jouer.**

   Vous gagnez maintenant des Digibytes tout en jouant !

III

Les plate-formes Blockchain puissantes

DANS CETTE PARTIE...

Vous verrez comment accéder à Hyperledger et à utiliser ses normes et ses modèles.

Vous aurez également un aperçu de la plateforme Microsoft Azur.

Enfin, vous découvrirez les initiatives de IBM en matière de blockchain comme Bluemix ou Watson.

Chapitre 9

Accéder à Hyperledger

DANS CE CHAPITRE :

- **Apprendre à connaître Hyperledger**
- **Se concentrer sur Fabric**
- **Investiguer le projet Iroha**
- **Découvrir Sawtooth Lake**

Hyperledger est une communauté de développeurs de logiciels et d'amateurs de technologie qui construisent des normes pour les modèles et les plateformes blockchain. Leur travail est important car ils représentent le principal groupe qui travaille à la promotion et à la commercialisation de l'industrie de la blockchain. Hyperledger est la plateforme de déploiement « sécurisée » pour les équipes d'entreprise.

Chaque jour leur organisation et leurs projets se développent un peu plus. À l'heure de la rédaction de ce livre, ils ont plus de 100 entreprises membres et ont plusieurs projets en incubation. Leurs premiers projets incluent Explorer, une application Web pour visualiser et interroger des blocs, et Fabric, un constructeur d'applications blockchain *plug-and-play*. Ils ont également Iroha et Sawtooth, qui sont des plateformes blockchain modulaires.

Dans ce chapitre, j'explore les trois projets clés en cours d'incubation chez Hyperledger. Vous aurez une meilleure compréhension de ce que sera l'avenir de la blockchain commercialisée pour votre entreprise et votre industrie. Cette compréhension vous aidera à explorer les technologies à utiliser et celles à éviter, en économisant votre développement, votre temps et vos ressources.

Apprendre à connaître Hyperledger : le rêve d'un hyper avenir

Fin 2015, la Fondation Linux a conçu le programme Hyperledger pour développer un cadre de registre distribué d'entreprise open source. Ils espéraient concentrer la communauté blockchain sur la construction d'applications robustes, spécifiques à l'industrie, de plateformes et de systèmes hardware pour soutenir les entreprises.

La Fondation Linux a vu qu'il y avait beaucoup de groupes différents créant des technologies blockchain sans une direction cohérente. L'écosystème multipliait les efforts et le tribalisme dirigeait des équipes pour résoudre deux fois le même problème. La Fondation en a conclu que si cette technologie devait être pleinement opérationnelle, une stratégie de développement open source et collaborative était absolument nécessaire.

Le programme Hyperledger est dirigé par le directeur exécutif Brian Behlendorf, qui possède des décennies d'expérience datant de la Fondation Linux originale et de la Fondation Apache, ainsi que d'une expérience de CTO du Forum économique mondial. Donc, ce n'est pas surprenant qu'Hyperledger ait reçu un bon accueil. De nombreux chefs d'entreprise et d'industriels ont rejoint le projet, y compris Accenture, Cisco, Fujitsu Limited, IBM, Intel, J.P. Morgan et Wells Fargo. Il a également attiré plusieurs des principales organisations blockchain.

R3, un consortium soutenant l'industrie bancaire, a contribué à son cadre d'architecture des transactions financières. Digital Asset, la société de logiciels, a offert la marque Hyperledger et certains de ses codes d'entreprise. La fondation Factom contribue également au code de l'entreprise et aux ressources pour les développeurs. IBM et de nombreuses autres organisations apportent du code et d'autres ressources au projet.

Les comités directeurs techniques d'Hyperledger assurent la robustesse et l'interopérabilité entre ces différentes technologies. L'espoir est que la collaboration interprofessionnelle open source fera progresser la technologie blockchain et générera des milliards en valeur économique en partageant les coûts de la recherche et du développement dans de nombreuses organisations.

Hyperledger identifie et traite les caractéristiques importantes et les exigences manquantes dans l'écosystème de la technologie blockchain. Il favorise également une norme ouverte à l'échelle de l'industrie pour les livres comptables distribués et la mise en place d'espaces ouverts pour les développeurs afin de contribuer à la construction de meilleurs systèmes blockchain.

Hyperledger a un cycle de vie de projet similaire à celui de la Fondation Linux. Une proposition est soumise, puis les propositions acceptées sont mises en incubation.

Lorsqu'un projet atteint un état stable, il est licencié et est transféré dans un état actif. À ce jour, tous les projets Hyperledger sont dans la phase de proposition ou d'incubation. Chacun des projets est dirigé par une grande entreprise ou une start-up. Par exemple, Fabric est dirigé par IBM, Sawtooth par Intel, et Iroha par la start-up Soramitsu.

Hyperledger, comme beaucoup de projets open source, utilise GitHub (www.github.com/hyperledger) et Slack (https://slack.hyperledger.org) pour se connecter avec les équipes travaillant sur chacun des projets. Ce sont d'excellents endroits pour obtenir les dernières mises à jour et vérifier les progrès que ces projets réalisent en développement.

Se concentrer sur Fabric

Le premier projet d'incubation d'Hyperledger, Fabric, est une plateforme de blockchain autorisée. Elle fonctionne comme la plupart des blockchains, car elle conserve un grand nombre d'événements numériques. Ces événements sont structurés comme des transactions et partagés entre les différents participants. Les transactions sont exécutées sans crypto-monnaies. Une ressource facultative pour que vous puissiez approfondir le sujet est consultable à cette adresse : https://trustindigitallife.eu/wp-content/uploads/2016/07/marko_vukolic.pdf.

Toutes les transactions sont sécurisées, privées et confidentielles. Fabric ne peut être mis à jour que par le consensus des participants. Lorsque les enregistrements ont été saisis, ils ne peuvent jamais être modifiés.

Fabric est une solution d'entreprise intéressée par l'évolutivité et la conformité aux réglementations. Tous les participants doivent inscrire une preuve d'identité aux services d'adhésion afin d'accéder au système. Fabric émet des transactions avec des certificats dérivés qui ne peuvent être liées au participant propriétaire, ce qui permet d'offrir l'anonymat sur le réseau. En outre, le contenu de chaque transaction est chiffré pour s'assurer que les participants visés puissent voir le contenu.

Fabric a une architecture modulaire. Vous pouvez ajouter ou prendre des composants *via* la mise en œuvre de sa spécification de protocole. Sa technologie de conteneur peut gérer la plupart des langages traditionnels pour le développement de contrats intelligents.

Bitcoin, d'autre part, permet à quiconque de participer anonymement, et la communauté est toujours à la recherche de moyens pour résister à la censure et autoriser à nouveau ceux qui ont été privés de leurs droits. Bitcoin a également été spécialement conçue pour le mouvement et la sécurité de sa crypto-monnaie. Pour cette raison, comparer les meilleures pratiques de Bitcoin à celles de Fabric peut être injuste.

Construire votre système dans Fabric

Beaucoup de travail a permis de rendre Fabric accessible, mais elle n'est accessible que par des personnes qui sont techniquement compétentes.

Hyperledger a détaillé plusieurs cas d'usage pour lesquels il s'adaptera à sa technologie. Vous pourrez utiliser Fabric sur les cas d'usage décrits dans un proche avenir avec des interfaces utilisateur intuitives. Pour l'instant, vous pouvez développer et tester les cas d'usage listés avec l'aide d'un développeur de base.

Plonger dans le développement Chaincode

Les contrats entre deux parties peuvent être traduits en code sur Hyperledger Fabric *via* Chaincode. Chaincode est la version Hyperledger du contrat intelligent d'Ethereum. Il automatise les accords conclus dans le cadre d'un contrat de manière à ce que les deux parties puissent se faire confiance.

Chaincode est dit « Turing-complet », comme les contrats intelligents d'Ethereum. À l'heure actuelle, vous pouvez utiliser un développeur Java pour créer un contrat chaincode pour vous. L'équipe Fabric a préparé certains cas d'usage courants tels que les devises numériques et l'envoi de messages texte dans la structure de base.

L'équipe Fabric est également en train d'explorer d'autres cas d'usage intéressants qui n'étaient pas complets au moment de la rédaction de ce livre, mais qui peuvent être disponibles au moment où vous lirez ces lignes.

Hyperledger en est au tout début de son développement, et ses projets ont environ deux ans de retard sur le travail d'Ethereum. Cependant, chacun des projets possède des équipes et des ressources importantes qui lui sont consacrées :

» **Contrats commerciaux :** Hyperledger est parvenu à la possibilité d'avoir des contrats publics et privés en même temps. Les contrats privés sont entre deux parties et plus, et contiennent des informations confidentielles. Les contrats publics sont visibles pour tous ceux qui prennent le temps de les rechercher dans Hyperledger. Par exemple, vous pourriez utiliser un contrat public pour faire une offre spécifique pour vendre un produit ou comme un moyen de solliciter des enchères sur un contrat.

  La construction de ces contrats est plus complexe que pour les contrats traditionnels parce que l'arbitrage et le tiers de confiance sont supprimés. De plus, l'authentification de ces individus participant dans le contrat est nécessaire. De même, plus de contrats sont uniques et ne peuvent pas être standardisés. Plus le contrat est complexe, plus il peut être dévié de son intention originale. Hyperledger travaille sur la création de gestion de système de contrat pour aider à améliorer l'évolutivité de Chaincode.

» **Chaîne d'approvisionnement de fabrication :** La gestion de la chaîne d'approvisionnement est un système de blockchain passionnant, en cours d'exploration sur Fabric. Les assembleurs finaux pourraient gérer toutes les pièces et les fournitures qu'ils utilisaient pour créer leur produit. Cette fonctionnalité vous permettra de répondre aux demandes et de pouvoir tracer chaque pièce issue du producteur d'origine. Dans le cas d'un rappel de produit, il serait facile de trouver le fautif ou de garantir l'authenticité de chaque partie avant son utilisation.

  Fabric requiert plus de développement avant d'être prêt pour ce cas d'usage, car elle aura besoin d'être facilement accessible par n'importe qui dans la chaîne d'approvisionnement. L'équipe Fabric travaille sur un protocole standard pour permettre à chaque participant d'un réseau de chaîne d'approvisionnement d'ajouter et de tracer des pièces numérotées qui sont fabriquées et utilisées pour un produit spécifique.

Lorsqu'il sera terminé, ce cas d'usage permettra d'effectuer des recherches plus en profondeur sur la production de chaque produit à n'importe quel moment. Cela pourrait être dix couches ou plus dans la production de n'importe quel objet. Les consommateurs pourraient alors établir la provenance de nombreux objets manufacturés qui sont composés d'autres biens et composants. Cela pourrait avoir un impact social intéressant sur la consommation.

- **Titres et actifs :** Les titres et autres actifs sont parfaits pour les blockchains, car ils peuvent automatiser beaucoup de fonctions que des tierces parties effectuent. Fabric permettra à tous les parties prenantes d'un actif d'avoir directement accès à cet actif ainsi que sa création et son historique, ne prenant pas en compte les intermédiaires qui détiennent actuellement les informations. Fabric augmentera également la vitesse de règlement sur les actifs à peu près en temps réel.
- **Communication directe :** Dans le futur, Fabric pourra aussi être utilisée à un endroit où les entreprises peuvent faire des annonces et des offres publiques. Par exemple, si une société souhaite lever des fonds et a besoin de notifier toutes les parties prenantes sur les détails complets de l'offre en temps réel, elle le pourra. Comme les organisations autonomes décentralisées d'Ethereum, les parties prenantes peuvent prendre des décisions et les exécuter. Leurs décisions seront précédées et réglées en temps réel. Cela rendra les rencontres et votes des parties prenantes plus simples et plus rapides.
- **Interopérabilité des actifs :** Dans le futur, Fabric pourra également avoir certaines des fonctionnalités comme le réseau Ripple (voir Chapitre 6). Elle a imaginé des cas d'usage où les sociétés pourraient échanger des actifs dans des marchés de faibles liquidités en faisant correspondre les demandes entre de multiples parties. Au lieu de régler les limites du marché sur les échanges directs entre deux parties, un réseau chaîné connecte les acheteurs avec les vendeurs et trouve la meilleure correspondance entre de multiples classes d'actifs. Hyperledger semble être bien positionné dans le futur pour négocier des dérivés. Vous pouvez en lire plus sur ce travail sur :

  `http://events.linuxfoundation.org/sites/events/files/slides/Trading-Derivatives_LinuxCon_2016.pdf.`

Investiguer le projet Iroha

Le projet Iroha d'Hyperledger s'appuie sur le travail accompli dans le projet Fabric. Il est destiné à compléter Fabric, Sawtooth Lake et les autres projets sous Hyperledger. Hyperledger a ajouté le projet Iroha à l'incubation parce que les autres projets n'avaient aucun projet d'infrastructure écrit en C ++. Ne pas avoir de projet C ++ limite sévèrement le nombre de personnes qui pourraient bénéficier du travail sur Hyperledger et du nombre de développeurs qui pourraient contribuer au projet.

En outre, la plupart des développements blockchain à ce point ont été au niveau d'infrastructure le plus bas, et il y a eu peu ou pas de travail de développement sur l'interaction de l'utilisateur ou les applications mobiles. Hyperledger pense qu'Iroha est nécessaire pour la popularisation de la technologie blockchain. Ce projet comble l'écart sur le marché, en apportant plus de développeurs et en fournissant des bibliothèques pour le développement d'interfaces utilisateur mobiles.

Au moment de la rédaction de ce livre, Iroha est un projet tout nouveau et n'a pas intégré Fabric ou Sawtooth Lake. Hyperledger a l'intention d'étendre la fonctionnalité pour travailler rapidement avec les autres projets blockchain. Ses bibliothèques iOS, Android et JavaScript fourniront des fonctions de support comme la signature numérique de transactions. Ce sera très utile pour le développement d'applications commerciales, et cela ajoutera de nouvelles couches de modèles de sécurité et d'entreprises seulement possibles avec la technologie blockchain.

Présentation de Sumeragi : le nouvel algorithme de consensus

Les blockchains possèdent des systèmes qui leur permettent d'aborder d'abord une version unique de la vérité, puis d'enregistrer cette vérité convenue dans leur registre. Un système d'accord s'appelle un consensus.

Un consensus est compliqué. Saisir les nuances de comment et pourquoi les consensus agissent comme ils le font est bien au-delà de la portée de ce livre. C'est aussi beaucoup plus que vous n'aurez jamais besoin de savoir en tant que professionnel d'entreprise. Ce qui vous intéresse, ce sont les conséquences de différents mécanismes de consensus et la façon dont ils affectent ce que vous faites sur cette blockchain particulière. Je souligne le consensus d'Iroha, Sumeragi, car il est très différent des blockchains traditionnelles.

Voici quelques éléments clés qui rendent Sumeragi différent :

» **Sumeragi n'a pas de crypto-monnaie.**

» **Les nœuds qui commencent un consensus sont ajoutés dans le système par les membres du service de Fabric.** Les nœuds construisent une réputation sur le temps basé sur la façon dont ils ont interagi avec le registre. Cela est une blockchain à permission exécutée par des entités connues.

» **Les nouvelles entrées sont ajoutées au registre d'une façon unique.** Le premier nœud qui démarre le consensus, appelé le *leader*, diffuse l'entrée à un autre groupe de nœuds ; ces nœuds valident par la suite. S'ils ne valident pas, le premier nœud rediffusera après un moment déterminé. L'élément de diffusion est similaire à la façon dont le consensus de Ripple fonctionne.

Selon votre cas d'utilisation pour la blockchain, Iroha peut être positif ou négatif. Si vous êtes préoccupé par la censure, Iroha peut ne pas vous convenir. Dans ce cas, vous ferez mieux de regarder une blockchain résistant à la censure. Si vous craignez que d'autres participants sur le réseau commettent un arbitrage, Iroha pourrait également ne pas être juste : une enquête plus approfondie est nécessaire. Si vous souhaitez connaître tous les participants de votre blockchain, Iroha peut être exactement ce que vous recherchez.

Développement d'applications mobiles

Ignorez cette section si vous ne faites pas partie de l'espace de développement de l'application.

Iroha est conçu pour les développeurs de sites Web et d'applications mobiles afin qu'ils puissent accéder aux points forts des systèmes Hyperledger. L'équipe d'Iroha a constaté que le fait d'avoir un grand livre distribué n'était pas utile s'il n'y avait aucune application qui l'utilisait.

Iroha possède un chemin de développement pour les composants C ++ encapsulés suivants :

» librairie de consensus Sumeragi ;

» librairie de signature digitale Ed25519 ;

» librairie de hachage SHA-3 ;

» librairie de sérialisation de transactions Iroha ;

» librairie de diffusion P2P ;

» librairie de serveur d'API ;

- librairie iOS ;
- librairie Android ;
- librairie JavaScript ;
- suite de visualisation d'explorateur/donnée blockchain.

L'un des principaux obstacles de l'industrie blockchain consiste à rendre les systèmes intuitifs pour l'utilisateur. Iroha a créé des bibliothèques de logiciels open source pour iOS, Android et JavaScript et a créé des fonctions API communes à appeler. Le développement en est encore à ses débuts, mais Iroha est une bonne ressource à explorer pour les cas d'utilisations commerciales.

Découvrir Sawtooth Lake

Sawtooth Lake d'Intel est un autre projet de registre distribué chez Hyperledger. Il s'agit d'une plateforme très modulaire pour la construction de nouveaux registres distribués pour les entreprises.

Au moment de la rédaction de cet ouvrage, la version a un logiciel qui simule le consensus. Il ne fournit pas de sécurité pour votre projet et ne doit être utilisé que pour tester de nouvelles idées.

Sawtooth Lake ne fonctionne pas avec une crypto-monnaie. Il maintient la sécurité de la plateforme en permettant aux entreprises de créer des blockchains privées. Ces entreprises exécutant des blockchains privées partagent alors le fardeau des exigences de calcul du réseau. Dans sa documentation, Sawtooth Lake déclare que ce type d'installation assurera un accord universel sur l'état du grand registre partagé.

Sawtooth Lake a pris le modèle de base blockchain et l'a mis sens dessus dessous. La plupart des blockchains ont trois éléments :

- un dossier partagé de l'état actuel de la blockchain ;
- une façon d'inclure une nouvelle donnée ;
- une façon d'approuver cette donnée.

Sawtooth Lake fusionne les deux premiers dans un processus de signal qu'il appelle une famille de transactions. Ce modèle est le meilleur dans les cas d'utilisation où toutes les parties participantes ont un avantage mutuel à avoir un enregistrement correct.

Intel a permis à son logiciel d'être suffisamment flexible pour accueillir des familles de transactions personnalisées qui reflètent les exigences uniques de chaque entreprise. Il a également construit trois modèles pour la création d'actifs numériques :

» EndPointRegistry : Un endroit pour enregistrer un objet dans une blockchain.

» IntegerKey : Un registre partagé qui est utilisé pour le contrôle de la chaîne d'approvisionnement.

» MarketPlace : Une plateforme de négociation blockchain pour vendre, acheter et négocier des actifs digitaux.

Explorer l'algorithme de consensus : preuve du temps écoulé (PoET)

L'algorithme de consensus pour Sawtooth Lake s'appelle la preuve du temps écoulé (PoET - *Proof of Elapsed Time*). Il a été construit pour fonctionner dans une zone sécurisée du processeur principal de votre ordinateur, appelée environnement d'exécution approuvé (TEE). PoET tire parti de la sécurité de la TEE pour prouver que le temps s'est écoulé *via* des transactions horodatées.

D'autres algorithmes de consensus ont également une sorte d'élément d'horodatage. La façon dont ils garantissent que les enregistrements n'ont pas été modifiés consiste à publier publiquement leurs blockchains comme preuve qu'ils n'ont pas été modifiés. Le registre publié agit comme un témoin public que tout le monde peut remonter et vérifier. C'est une sorte de publication d'une publicité dans un journal pour prouver que quelque chose s'est passé.

PoET dispose également d'un système de loterie qui fonctionne un peu de manière différente des autres blockchains en utilisant une preuve de travail. Il sélectionne de manière aléatoire un nœud dans le pool de nœuds de validation. La probabilité de sélection d'un nœud augmente proportionnellement à la quantité de ressources de traitement à laquelle le nœud a contribué dans le registre. Des mesures peuvent être mises en place pour empêcher les nœuds de jouer avec le système et de corrompre le registre.

Déployer Sawtooth

Intel a rassemblé une documentation fantastique et des tutoriels sur https://github.com/intelledger. Ils vous guident dans le processus de mise en place d'un environnement de développement virtuel pour une blockchain, et ils en ont même un pour la construction d'un jeu blockchain Tic-Tac-Toe. Vous devez être familier avec Vagrant et VirtualBox afin de profiter de ce qu'ils ont à offrir.

Vous pouvez également consulter *Coding For Dummies* par Nikhil Abraham (Wiley) avant d'essayer ces tutoriels.

Chapitre 10

Appliquer Microsoft Azure

DANS CE CHAPITRE :

- **Construire de nouvelles applications**
- **Relier vos systèmes**
- **Authentifier de nouveaux systèmes**
- **Déployer de l'Ethereum privé**

Dans ce chapitre, vous aurez un aperçu des innovations passionnantes qui se déroulent au sein de la plateforme Azure de Microsoft, et comment ces changements peuvent améliorer l'efficacité de votre entreprise et créer de nouvelles opportunités pour les produits et services.

Ce chapitre vous aide à concurrencer, à collaborer et à servir les clients dans une économie mondiale. La technologie blockchain ouvre de nouveaux marchés et change les business modèles. Microsoft travaille dur pour en faire une technologie évaluable pour les entreprises traditionnelles.

Ce chapitre explique également les ponts de blockchain innovants qui sont en cours de construction pour vous permettre de connecter et de mettre à l'échelle vos systèmes existants. Vous découvrirez comment déployer votre propre blockchain au sein d'Azure et les éléments clés pour faire une transition sûre et sans tracas aux systèmes de blockchain pour votre entreprise.

Bletchley : la blockchain modulaire Fabric

Le projet Bletchley se concentre sur l'offre de blocs d'architecture pour les clients d'entreprise dans un écosystème de blockchain de consortium (un réseau réservé aux membres, autorisé pour les membres à exécuter des contrats). La plateforme Bletchley de la blockchain Fabric est alimentée par Azure, la plateforme de cloud computing de Microsoft. Le projet Bletchley répond à ce qui suit :

- » Identité digitale
- » Management de clé privée
- » Confidentialité des clients
- » Sécurité de données
- » Administration d'opérations
- » Interopérabilité du système

Dans le projet Bletchley, Azure fournit la couche cloud pour la blockchain, qui sert de plateforme où les applications peuvent être construites et livrées. Il sera disponible dans 24 régions à l'échelle mondiale. Azure combine ses produits traditionnels tels que les capacités de cloud hybride, un vaste portefeuille de certification de conformité, et la sécurité de qualité industrielle à différentes blockchains. Microsoft veut rendre plus facile pour les clients existants d'adopter rapidement la technologie blockchain, en particulier dans les industries contrôlées telles que les services de santé, les services financiers, et le gouvernement.

La Figure 10.1 montre le projet Blockstack Core v14 de Bletchley, un nouveau réseau décentralisé d'applications sans serveur où les utilisateurs peuvent contrôler leurs données.

Azure travaillera avec plusieurs protocoles blockchain. Ils font partie du projet Hyperledger et des protocoles basés sur la sortie de transaction non utilisée (UTXO). Cela signifie que la plateforme Azure n'utilise pas de crypto-monnaie et peut être plus attrayante pour les entreprises clientes. Ils auront également des intégrations avec des protocoles plus sophistiqués, dont Ethereum, qui utilisent une crypto-monnaie pour sécuriser le réseau.

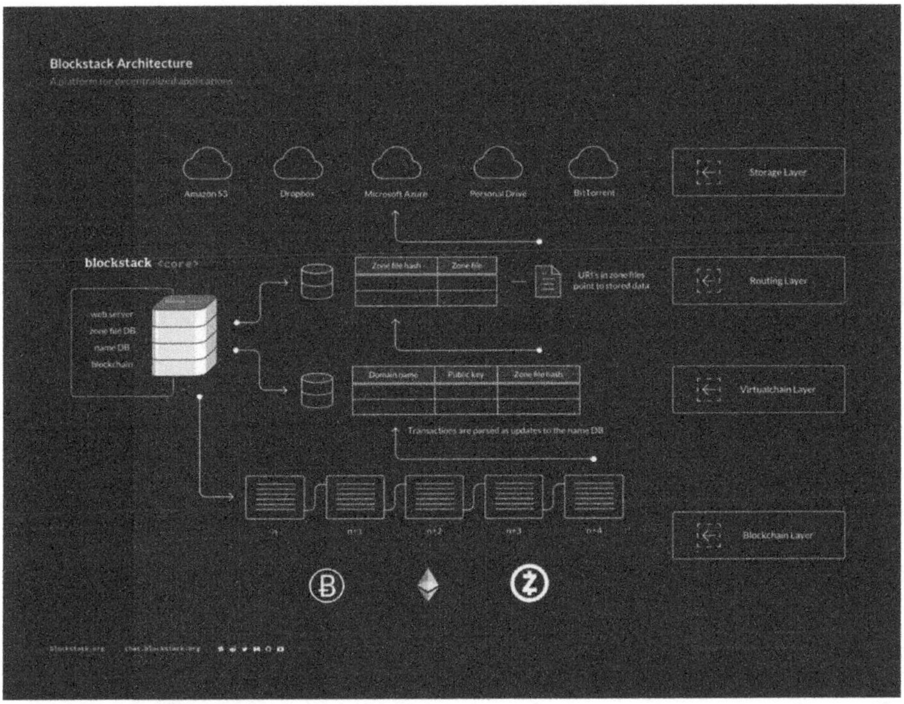

FIGURE 10.1
Blockstack Core v14.

Cryptlets pour le cryptage et l'authentification

Le projet Bletchley est construit autour de deux idées :

- » Blockchain middleware : stockage cloud, gestion d'identité, analyses, et apprentissage machine.
- » Cryptlets : exécution sécurisée pour l'interopérabilité et la communication entre Microsoft Azure, l'écosystème Bletchley, et votre propre technologie.

Les Cryptlets sont construits en tant que composants hors chaîne, écrits dans n'importe quel langage, exécutés dans un conteneur de confiance et communiqués sur un canal sécurisé. Les Cryptlets peuvent être utilisés dans les contrats intelligents et les systèmes UTXO, lorsque des fonctionnalités ou des informations supplémentaires sont nécessaires.

Cryptlets comble l'écart de sécurité entre l'exécution dans et hors chaîne des programmes, fonctionnant lorsque des informations sécurisées supplémentaires sont nécessaires. Ils sont ce qui permet à votre gestion de la relation client (CRM) ou plateforme d'échange de se connecter à votre stockage cloud, puis d'être sécurisés avec Ethereum, par exemple.

Le middleware de Bletchley fonctionne en tandem avec Cryptlets et les services Azure existants, comme Active Directory et Key Vault, et d'autres technologies d'écosystème blockchain, pour fournir une solution complète et assurer le fonctionnement fiable de votre intégration de blockchain.

Le Tableau 10.1 montre la différence entre un Oracle et un Cryptlet à partir de la présentation Devcon 2 sur Bletchley.

Les Cryptlets sont construits par des développeurs et vendus en place de marché de Bletchley. Ils abordent de nombreux ensembles de fonctionnalités différentes qui sont essentiels à la création d'applications basées sur le registre distribué. Le marché augmente pour satisfaire les exigences des clients qui ont besoin des fonctionnalités essentielles, telles que l'exécution sécurisée, l'intégration, la confidentialité, la gestion, l'interopérabilité et un ensemble complet de services de données.

TABLEAU 10.1 Cryptlets versus Oracles

	Cryptlets	Oracles
Prérequis de vérification	Requiers de la confiance avec vérification avec un hôte de confiance (HTTPS), une clé de confiance Cryptlet, et une signature d'enclave de confiance.	Requiers de la confiance mais pas de vérification formelle.
Infrastructure	Infrastructure standard. Vous obtenez l'isolation et l'attestation basées sur le matériel via des enclaves disponibles à l'échelle mondiale dans Azure.	Infrastructure personnalisée. Vous pouvez écrire et héberger séparément. L'établissement de la confiance est difficile. Les oracles ont été spécifiques à la plateforme, et la documentation est actuellement très rare.
Utilité Développeur	Beaucoup d'options de langages sont disponibles, et ils sont blockchain agnostique.	Liés à leur propre blockchain et peu d'options de langages.
Disponibilité de marketplace	Une place de marché est disponible pour publier et découvrir.	Aucune place de marché commune n'est disponible pour publier et découvrir.

Utilité et contrat Cryptlets et CryptoDelegates

Il y a deux types de Cryptlets :

- **Utilité :** les Cryptlets d'utilité apportent de l'encryptage, de l'horodatage, l'accès à des données externes, et de l'authentification. Ils créent des transactions plus saines et fiables.
- **Contrat :** les contrat Cryptlets sont des machines de délégation complète. Ils peuvent fonctionner comme des agents ou robots autonomes. Ils fournissent toute l'exécution logique qu'un contrat intelligent fait normalement, mais à l'extérieur de la blockchain.

Les contrats Cryptlets sont liés à des contrats intelligents et sont créés lorsque votre contrat intelligent est publié. Ils fonctionnent en parallèle avec votre machine virtuelle et ont de meilleures performances par rapport aux contrats intelligents traditionnels construits dans les blockchains, car ils ne nécessitent pas autant de crypto-monnaie pour s'exécuter. Ils sont plus attrayants pour les utilisateurs de blockchains non cryptographiques, où les chaincodes et les contrats intelligents sont signés par des parties connues.

La Figure 10.2 présente un conteneur Cryplet et le chemin de communication sécurisé de votre contrat intelligent.

Les CryptoDelegates permettent aux Cryplets d'utilité et de contrat de fonctionner. Ils agissent comme des adaptateurs en créant des raccords fonctionnels dans vos machines virtuelles à contrat intelligent. Ils appellent le Cryptlet depuis le code de votre contrat intelligent, qui crée à son tour une enveloppe sécurisée et authentique pour les transactions.

Créer dans l'écosystème Azure

Azure est une plateforme d'écosystème numérique et de cloud computing. Elle relie les entreprises directement avec leurs partenaires cloud et SaaS. Cela permet aux entreprises de transférer leurs données de manière interconnectée, fiable et sécurisée.

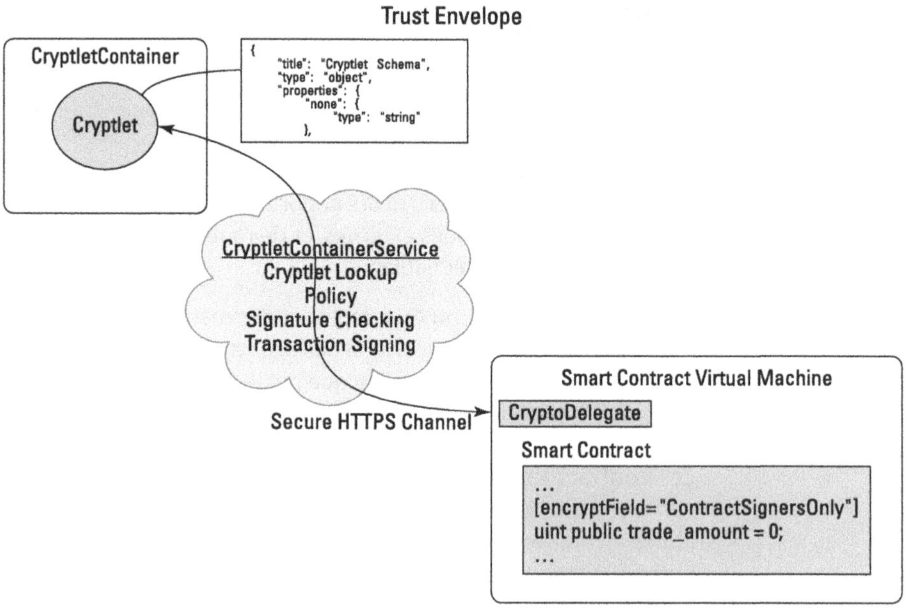

FIGURE 10.2 Un conteneur de Cryplet.

La plateforme Cloud Azure de Microsoft est la deuxième plus grande infrastructure en tant que service (IaaS). C'est un refuge sûr et sécurisé pour votre cloud computing et votre stockage de données. Dans Azure, il existe un service appelé ExpressRoute, qui permet aux consommateurs de se connecter directement à Azure. Cela empêche les problèmes de performance et de sécurité qui sont largement observés dans l'Internet public.

En 2015, Microsoft a décidé d'étendre son écosystème Azure à l'aide des systèmes de blockchain Ethereum et Hyperledger. La première offre d'Azure Blockchain en tant que service est alimentée par Ethereum. Ethereum est un modèle de blockchain Turing-complet pour construire des applications. Microsoft a pour objectif de générer d'autres ressources basées sur la technologie blockchain et Hyperledger.

Cela enrichit également la place de marché Azure, tout en offrant un portail pour les clients sur Azure.

Le programme Azure Stack de Microsoft intègre les modèles Azure Quickstart, qui déploient les différentes ressources Azure avec l'aide du Gestionnaire de ressources Azure afin de vous aider à effectuer plus de travail. Le Gestionnaire de ressources Azure permet aux clients de travailler avec leurs ressources commerciales en tant que groupe. Ils peuvent déployer, supprimer ou mettre à jour toutes les ressources dans leur solution en une opération coordonnée et unique.

Les modèles Azure Quickstart peuvent fonctionner pour différents environnements, comme la production, l'organisation et les tests. Grâce au Gestionnaire de ressources Azure, les clients disposent de plusieurs fonctionnalités pour le marquage, l'audit et la sécurité. Ces fonctionnalités aident les consommateurs à gérer leurs ressources après le déploiement.

Le projet Bletchley de Microsoft est leur architecture blockchain qui est fusionnée avec les technologies d'entreprise déjà établies et offertes. Cela donne à Azure un backend et une place de marché blockchain.

L'écosystème de Bletchley est une approche adoptée par Microsoft afin de proposer des réseaux de blockchain ou de distribution à un public plus large, de manière sûre et efficace. Il aide à créer des solutions authentiques et à résoudre les problèmes commerciaux réels.

CHOISIR SON MODÈLE

Le modèle Quickstart est un outil conçu pour aider les utilisateurs du projet Bletchley à créer un groupe de blockchain privé. Actuellement, il existe environ une douzaine de modèles de blockchain qui vous permettent de faire tourner des applications blockchain dans Azure. À l'avenir, d'autres modèles deviendront disponibles.

La version privée d'Ethereum est l'une des meilleures pour automatiser le processus. Step-it est un procédé par étapes où vous pouvez sélectionner les membres de votre consortium, déterminer le nombre de nœuds que chaque utilisateur aura sur le réseau, puis distribuer géographiquement ces nœuds en utilisant le cloud Azure pour renforcer la résilience.

Commencer avec Chain sur Azure

Chain, qui fournit des solutions technologiques blockchain, a publié sa Chain Core Developer Edition sur Azure. Chain Core Developer Edition est une version open source et gratuite de la plateforme de comptabilité distribuée de l'entreprise. Elle vous permet d'émettre autant que de transférer des actifs sur des réseaux blockchain autorisés.

Grâce à son réseau de test, vos développeurs peuvent rejoindre ou démarrer un réseau blockchain, accéder à des tutoriels techniques approfondis et à de la documentation, et créer des applications financières. Ils peuvent également gérer leurs propres prototypes sur le réseau de test de Chain ou créer leur propre réseau personnel sur Azure.

Installation du registre de Chain

La Chain Core Developer Edition accompagne des exemples de code, un Java SDK, et des guides de démarrage. De plus, elle est livrée avec une interface de tableau de bord et des installateurs pour Linux, Mac et Windows.

Suivez ces étapes pour installer votre Chain Core Developer Edition :

1. **Naviguez sur la page d'installation de Chain sur** `https://chain.com/docs/core/get-started/install`.
2. **Choisissez votre système d'exploitation dans la liste.**
3. **Cliquez sur Télécharger.**
4. **Ouvrez le programme Chain.**
5. **Exécutez l'installateur Chain Core.**

Chain a un SDK disponible qui vous offre à vous et à votre développeur les outils de développement logiciel qui permettent la création d'applications blockchain et d'actifs.

Créer votre propre réseau privé

Vous pouvez créer un réseau blockchain de consortium privé Ethereum dans Azure. Vous devriez être capable de le faire vous-même, sans l'aide d'un développeur.

Suivez simplement ces étapes :

1. **Inscrivez-vous ou connectez-vous sur votre compte Azure.** Il y a une option d'essai gratuit et une option pay-as-you-go qui rendent facile l'essai d'Azure.
2. **Allez sur https://goo.gl/Ixu5of.**
3. **Cliquez sur Deploy to Azure.**

Les modèles Azure Resource Manager sont créés par des membres de la communauté Azure. Microsoft ne filtre pas la sécurité, la compatibilité, ou la performance.

4. **Complétez le formulaire.**
5. **Cliquez sur Purchase.**

Félicitations ! Vous avez dorénavant un réseau blockchain de consortium privé Ethereum.

Utiliser des services financiers sur Chain d'Azure

Chain a lancé sa plateforme développeur open source et gratuite. Cela comprend un réseau de test, exploité par Microsoft, Chain, et l'Initiative pour Crypto-monnaies et Contrats (3CI). 3CI est la plateforme lancée par Chain, qui fournit des solutions de technologie de blockchain et qui contribue à Chain Core Developer Edition.

Cette plateforme vous permet d'émettre autant que de transférer des actifs sur des réseaux de blockchain authentifiés. C'est une expérience parmi les principales sociétés financières et Chain. Différentes applications financières peuvent être développées *via* Chain Core.

De nombreux nouveaux produits innovants sont prévus pour être lancés sur cette plateforme. La gamme couvre les paiements, les banques, les assurances et les marchés financiers. De plus, Visa s'est associée à Chain afin de développer un moyen sûr, rapide et simple de traiter les paiements entre entreprises (B2B) dans le monde entier.

Déploiement d'outils Blockchain sur Azure

Azure possède plusieurs autres implémentations utiles de la technologie blockchain et des outils que vous pourriez trouver utiles. Je couvre quatre des outils et projets blockchain principaux d'Azure dans cette section, y compris son implémentation Ethereum ; Cortana, un outil d'apprentissage en machine analytique ; l'outil de visualisation de données d'Azure, Power BI ; et son outil Active Directory (AD). Les trois derniers ne sont pas spécifiquement des outils blockchain, mais ils peuvent être utilisés avec votre projet de blockchain Azure.

Cette section vous donne une idée de ce que vous pouvez construire avec Azure et certains des outils disponibles pour réussir votre projet.

Exploration d'Ethereum sur Azure

La blockchain Ethereum est maintenant disponible en tant que service sur la plate-forme Azure de Microsoft. Cette initiative est réalisée en partenariat par ConsenSys et Microsoft. Solidity est un nouveau projet qui vous permet de commencer à construire votre application décentralisée sur Ethereum. Plus d'informations sur https://marketplace.visualstudio.com/items?itemName=ConsenSys.Solidity.

La blockchain Ethereum en tant que service (EBaaS) permet aux développeurs d'entreprises et clients de développer un environnement blockchain sur le cloud, qui peut être envoyé en un clic.

Lorsque vous déployez la blockchain Ethereum sur Azure, Azure propose initialement deux outils :

- » **BlockApps :** un environnement blockchain Ethereum semi-privé et privé.
- » **Ether.camp :** un environnement de développeur intégré.

BlockApps peut également être déployé dans l'environnement public d'Ethereum. Ces outils permettent un développement rapide des applications, basé sur un contrat intelligent.

Ethereum est un système flexible et ouvert, qui peut être personnalisé pour répondre aux besoins variés des clients. Pour plus d'informations sur Ethereum, voir le Chapitre 5.

Cortana : votre outil d'analyse d'apprentissage machine

Cortana est un puissant outil d'analyse d'apprentissage automatique basé sur des systèmes cloud. Il s'agit d'un service cloud totalement géré qui permet aux utilisateurs de créer, organiser et partager facilement et rapidement des solutions d'analyse prédictive. Cela offre de nombreux avantages aux consommateurs.

En examinant les analyses fournies par Cortana Intelligence, vous pouvez prendre des mesures plus tôt que vos concurrents en prévoyant le prochain grand événement. Ce logiciel flexible et rapide vous permet de créer des solutions rapides pour votre industrie, adaptées à vos besoins particuliers.

De plus, l'outil d'apprentissage automatique Cortana est sécurisé et évolutif. Cortana offre une valeur de données, indépendamment de la complexité et de la taille des données. Et, surtout, Cortana vous permet d'interagir avec des agents intelligents, afin que vous puissiez vous rapprocher de vos consommateurs de manière plus naturelle, pratique et utile. La Cortana Intelligence Suite est utile dans divers secteurs, y compris la fabrication, les services financiers, la vente au détail et la santé.

Visualiser vos données avec Power BI

Power BI, offert par Microsoft, est un service puissant basé sur le système cloud. Il couvre les derniers services et outils de business intelligence de Microsoft. Ce service aide les spécialistes de données à envisager et à partager des informations à partir des données de leurs organisations.

Le cours de visualisation de données Power BI, fourni en ligne par edX, fait partie du certificat du programme professionnel Microsoft dans Data Science. Ce service, basé sur le cloud, gagne rapidement en popularité parmi les professionnels de la science des données.

Power BI vous aide à visualiser et à connecter vos données. Dans ce cours, les étudiants apprennent à connecter, importer, transformer et façonner leurs données pour l'intelligence économique. De plus, le cours Power BI vous apprend comment créer des tableaux de bord et les partager avec les utilisateurs professionnels sur les appareils mobiles et sur le Web.

Gérer votre accès sur l'Active Directory d'Azure

Azure Active Directory (AD) est une large solution d'accès et de gestion d'identité. Il fournit un large éventail d'installations qui vous permettent de superviser l'accès aux ressources et aux applications cloud et sur site. Cela comprend de nombreux services en ligne de Microsoft, tels que'Office 365, et nombreuses autres applications SaaS non Microsoft.

L'une des principales fonctionnalités d'Azure AD est que vous pouvez gérer l'accès à ses ressources. Ces ressources peuvent être externes au répertoire, comme les applications de logiciel en tant que service (SaaS), les ressources locales ou les sites SharePoint, et les services Azure ; ou elles peuvent être internes au répertoire, telles que des autorisations pour gérer des objets *via* des rôles de répertoire.

Chapitre 11

S'occuper sur l'IBM Bluemix

DANS CE CHAPITRE :

- **Préparation pour les applications blockchain d'intelligence artificielle**
- **Construire votre Fabric IBM**
- **Créer des contrats intelligents**
- **Déployer une solution d'objet connecté**

Dans ce chapitre, je vous introduis aux initiatives blockchain d'IBM, qu'IBM fusionne avec ses autres technologies révolutionnaires, telles que Bluemix, une plateforme complète de service (PaaS) pour la création d'applications, et Watson, son super ordinateur.

La technologie blockchain crée un échange de valeur presque sans friction. L'intelligence artificielle accélère l'analyse de quantités massives de données. La fusion des deux capacités sera un changement de paradigme qui affecte la façon dont nous faisons affaire et sécurisons nos appareils électroniques connectés.

Si vous êtes impliqué dans les objets connectés (IoT), dans l'industrie de la santé, de l'entreposage, du transport ou de la logistique, vous tirerez bénéfice des informations contenues dans ce chapitre.

Aussi, si vous êtes un entrepreneur et souhaitez connaître les nouvelles fonctionnalités qui accompagnent l'intégration de l'intelligence artificielle (AI) et de la blockchain sur une plateforme d'application évolutive, ce chapitre est pour vous.

Business Blockchain sur Bluemix

IBM propose maintenant une technologie blockchain qui s'intègre à ses offres traditionnelles, telles qu'IBM Bluemix. Bluemix est un PaaS basé sur le cloud, et sur des standards ouverts pour la création et la gestion d'applications. IBM a intégré une pile de blockchain à partir d'Hyperledger, qui fait partie de la fondation Linux et établit les meilleures pratiques dans la technologie blockchain.

Vous devrez vous préparer à des changements rapides et fondamentaux dans les initiatives blockchain d'IBM. La technologie est très récente et toujours en incubation, à la fois chez IBM et Hyperledger.

Hyperledger a plusieurs sous-projets différents en développement. À la date d'écriture de ce livre, IBM utilise Fabric, mais peut ouvrir Bluemix à d'autres projets. Fabric est open source et se développe activement au sein d'Hyperledger. Ce n'est pas tout à fait prêt à des fins commerciales, à ce jour, c'est en état d'incubation.

Vous pouvez commencer à tester Fabric sur Bluemix en utilisant Hyperledger Fabric v0.6. Cependant, IBM met en garde contre l'exécution de toute transaction délicate directement sur Fabric v0.6 ou toute version antérieure.

Votre environnement isolé

Bluemix est l'offre cloud la plus récente d'IBM. C'est une implémentation de l'architecture cloud ouvert d'IBM basée sur Cloud Foundry, un PaaS open source.

Bluemix vous permet de proposer rapidement et facilement des applications, de les déployer et de les gérer. Bluemix offre des services au niveau de l'entreprise qui peuvent s'intégrer aux applications sans avoir besoin de savoir comment les installer ou les configurer.

La Figure 11.1 montre comment IBM relie différents aspects de la blockchain et des systèmes IBM. Vous en saurez plus sur https://goo.gl/12Q6no.

IBM Bluemix fournit quatre éléments principaux :

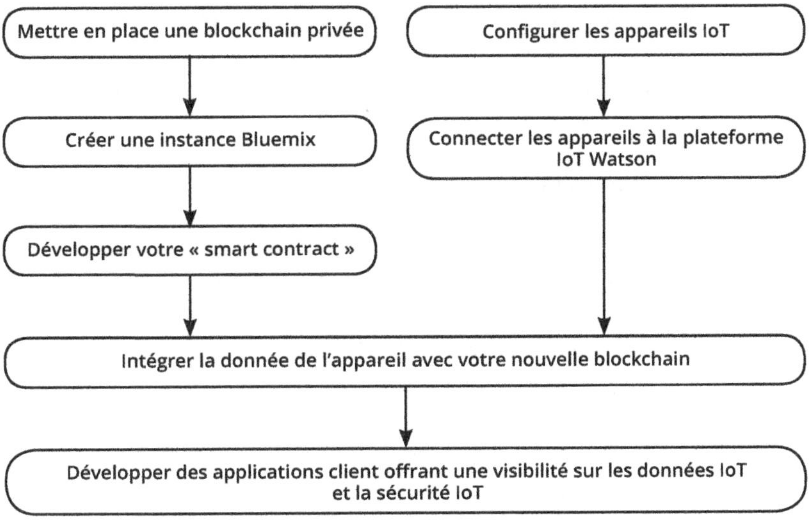

FIGURE 11.1 Comment IBM Bluemix et l'IoT sont fusionnés avec IBM Watson.

- » Une infrastructure informatique basée sur vos besoins architecturaux d'applications.
- » La capacité à déployer des applications à un cloud Bluemix public ou dédié.
- » Un outillage de développement, comme des éditeurs et gestionnaires de code.
- » Un accès à des outils open source tiers dans leur catégorie de service.

Bluemix vous donne tout ce dont vous avez besoin pour créer votre application. Cela offre maintenant une infrastructure blockchain pour également tester.

Ils ont un service pour intégrer vos applications avec la blockchain Bluemix. À ce jour, il existe deux modèles de tarification. Un compte gratuit vous donne ce dont vous avez besoin pour tester votre idée. Vous obtenez quatre pairs et une autorité de certification pour signer des transactions, ainsi qu'un tableau de bord avec des journaux, des contrôles, et des API. Vous obtenez également quelques exemples d'applications avec le code source pour expérimenter.

Le plan de l'entreprise coûte 10 000 dollars par mois et offre une sécurité et une vitesse plus élevées que le modèle gratuit.

Cas d'utilisation Bluemix

Deux pionniers entreprenants et remarquables utilisent Bluemix et l'intégration Hyperledger Fabric :

- » **Wanxiang :** la plus grande société de composants automobiles basée en Chine, Wanxiang travaille avec IBM pour déployer une blockchain privée. Ils intègrent les droits de propriété dans des produits comme les voitures électriques. L'objectif est de réduire les coûts pour les consommateurs pour la location de matériel. Wanxiang utilisera sa technologie blockchain pour suivre la durée de vie des composants et restaurer les batteries usagées. Bluemix s'occupera de tout le reste.
- » **KYCK! :** la start-up de la technologie financière (fintech) KYCK! utilise l'intégration blockchain d'IBM comme une nouvelle façon d'aborder les besoins des courtiers en matière de KYC (Know Your Customers, ou en français « Connaissez Votre Client »). Cette dépense est limitée et coûteuse pour les banques et autres services financiers. KYC est fait pour prévenir le blanchiment d'argent et le commerce illicite, et pour lutter contre le terrorisme. KYCK! est en train de construire une plateforme de soumission de conférences vidéo et de documents chiffrés. Cela permettra aux courtiers de travailler et d'authentifier les clients que la société n'a pas encore rencontrés.

IBM a également construit trois applications Chaincode simples qui vous permettent de jouer avec le réseau IBM Blockchain :

- » **Marbles :** Marbles est une application qui démocratise le transfert de billes entre deux utilisateurs. Elle vous permet d'observer comment bouger des actifs sur une blockchain.
- » **Commercial Paper :** Commercial Paper est un réseau de trading blockchain implémenté sur IBM Blockchain. Vous pouvez créer de nouveaux papiers commerciaux pour échanger, acheter et vendre des trades existants, et auditer le réseau.
- » **Car Lease :** Car Lease n'est pas comme la démonstration de Marbles. Il est conçu pour vous permettre d'interagir avec les actifs. Vous pouvez créer, mettre à jour et transférer. Cela permet également à un tiers de visualiser l'historique.

La blockchain intelligente de Watson

Le superordinateur d'IBM, Watson, est également disponible sur la plateforme Bluemix. Watson est un système cognitif informatique artificiellement intelligent. Il peut analyser des données structurées et, plus impressionnant, non structurées, et ce à une vitesse incroyable.

Cette technologie est encore en cours de développement, et les clients se sont plaints de sa véritable capacité à comprendre la langue écrite non structurée.

Watson peut répondre aux questions qui lui sont posées à travers le langage naturel et apprendre, car il absorbe plus d'informations. L'implication de cette technologie, lorsqu'elle est mariée avec la technologie blockchain, est stupéfiante. L'une des premières implémentations se trouve dans l'espace IoT. Il y a un besoin fort de sécuriser les données issues de ces appareils et de les rendre utiles et intelligents.

L'informatique cognitive de Watson simule les processus de pensée humaine et utilise le protocole MQTT. Comme un esprit humain, il se développe avec le temps. Ses systèmes d'autoapprentissage utilisent le minage de données, la reconnaissance de formes, et le traitement du langage naturel pour imiter la façon dont votre cerveau fonctionne. Watson traite à une vitesse de 80 téraflops par seconde (un téraflop est un trillion d'opérations à point flottant). Pour mettre cela en contexte, cela réplique, et dans certains cas dépasse, une capacité humaine élevée à répondre aux questions. Watson est capable de le faire en accédant à 90 serveurs avec un magasin de données combiné de plus de 200 millions de pages d'informations, qu'il traite, contre 6 millions de règles logiques. Watson fait la taille de dix réfrigérateurs, mais il devient doucement plus petit et plus rapide.

La Figure 11.2 montre comment IBM Watson rapporte différents aspects de la blockchain et des systèmes IBM. Vous en saurez plus sur IBM sur https://goo.gl/12Q6no.

IBM applique ces incroyables fonctionnalités aux flux de données IoT qui utilisent l'implémentation de Chaincode. Chaincode est un système de contrat intelligent Hyperledger. Voici comment la blockchain Watson fonctionnera pour les périphériques IoT :

» Les appareils IoT envoient des données à vos registres de blockchain privée pour inclusion dans des transactions partagées en tant que dossier inviolable marqué dans le temps.

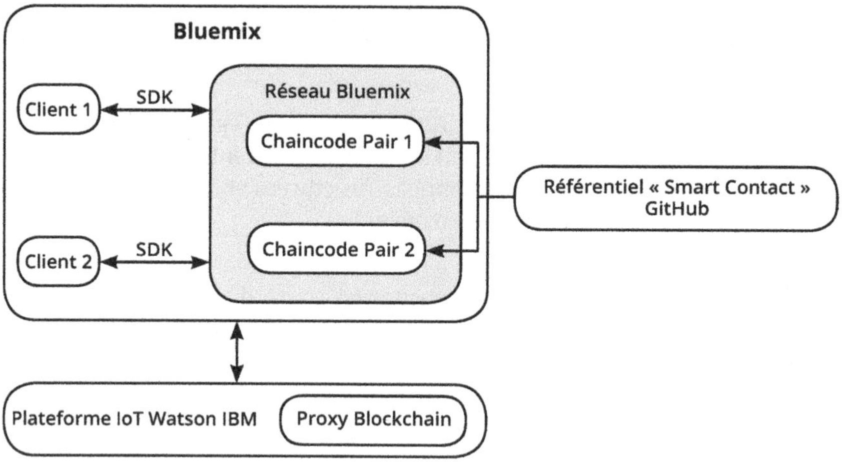

FIGURE 11.2 Comment Bluemix intègre clients, pairs, et IBM Watson.

- Les partenaires et les fournisseurs de services tiers peuvent également accéder et fournir des données IoT, sans avoir besoin de contrôle et de gestion centralisés.
- Toutes les parties peuvent signer et vérifier les données, limitant les différends et assurant que chaque partenaire est tenu responsable de ses performances individuelles.

Il s'agit d'une implémentation simple qui ne profite pas de toutes les fonctionnalités et capacités de Watson. La capacité de Watson à apprendre, à faire des suggestions, et à mettre à jour des informations périmées en fera vraiment une puissante application compatible blockchain à l'avenir.

Vous pouvez intégrer la plateforme IoT de Watson avec Fabric d'Hyperledger. Cette intégration vous permet d'exécuter des contrats chaincode à travers des oracles de calcul cognitif. La plateforme IoT de Watson possède une fonctionnalité intégrée qui vous permet d'ajouter des données IoT sélectionnées à votre propre blockchain privée, pour créer un oracle. Cela vous aide à protéger les données contre des tiers non autorisés.

Lorsque vous avez établi un espace de travail Bluemix, vous pouvez ajouter des services sélectifs, y compris la plateforme IoT qui intègre plusieurs technologies. Fabric est la technologie blockchain qui fournit l'infrastructure blockchain privée pour les pairs distribués, qui réplique les données de l'appareil et valide la transaction par des contrats sécurisés.

La plateforme Watson IoT traduit les données existantes du périphérique, d'un ou plusieurs types de périphériques, dans le format requis par les API des contrats intelligents. La plateforme IoT de Watson exclut les données de périphérique non pertinentes et n'envoie que les données requises au contrat. La Figure 11.3 montre comment IBM Watson s'intègre avec les périphériques IoT et les API. Watson agit comme un oracle de Chaincode et vous permet de contrôler quelles informations sont connues des parties impliquées dans le contrat. Cette fonctionnalité est importante pour la vie privée.

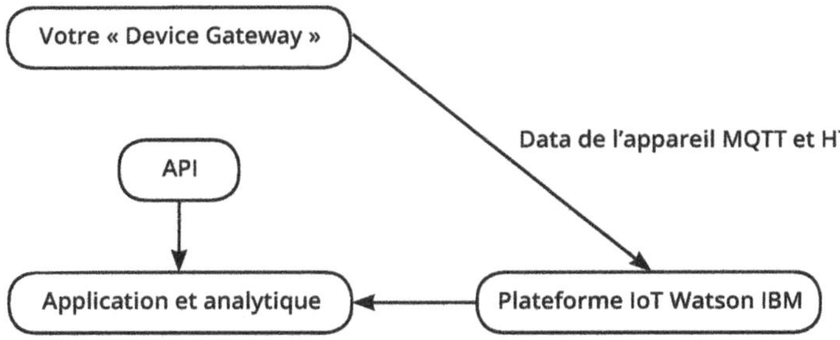

FIGURE 11.3 Le flux Watson/appareil.

Construire votre réseau de démarrage sur Big Blue

La technologie blockchain d'IBM et la plateforme IoT offrent de nouveaux outils prometteurs et peuvent être utilisées pour répondre à de nombreux problèmes auxquels sont confrontées les entreprises qui tentent de faire évoluer :

- **Sécurité :** l'énorme volume de données recueillies auprès de millions de périphériques augmente les problèmes de confidentialité de l'information. Aussi, les dispositifs piratés IoT ont été utilisés par des organisations néfastes pour paralyser les sites Web avec des attaques de déni de service distribué.
- **Coût :** le volume élevé de messages, les données générées par les périphériques, et les processus analytiques augmentent à mesure que plus de périphériques arrivent en ligne et utilisent ces données.
- **Architecture :** les plateformes cloud centralisées restent un goulot d'étranglement dans les solutions IoT de bout en bout et un point d'attaque central.

Les réseaux IoT distribués basés sur les standards ouverts d'IBM peuvent résoudre plusieurs des problèmes liés aux solutions IoT actuelles centralisées, basées sur le cloud. Les appareils connectés communiquent directement avec des registres distribués. Les données provenant de ces appareils sont ensuite utilisées par des tiers pour exécuter des contrats intelligents, ce qui réduit le besoin de surveillance humaine.

La plateforme IBM Watson IoT avec une intégration Fabric réplique les données sur un réseau blockchain privé et élimine la nécessité d'avoir toutes les données IoT collectées et stockées de façon centralisée. Les réseaux blockchain décentralisés améliorent également la sécurité des périphériques IoT. Des identités numériques uniques sont construites pour chaque appareil au fil du temps. Cette nouvelle façon de créer et de sécuriser l'identité est exceptionnellement difficile à falsifier.

Ces nouvelles identités blockchain permettent aux périphériques IoT de signer des transactions qui permettent aux contrats intelligents de s'exécuter. Une application pratique serait un produit d'assurance qui a alimenté les données d'une voiture intelligente sur le comportement de conduite de différents individus. La voiture enverrait des données à publier dans Fabric ; le produit d'assurance construit avec Chaincode reconnaîtrait alors les nouvelles données et l'identité de votre voiture et mettrait à jour votre police d'assurance.

Les possibilités sont presque infinies, et l'IoT a introduit d'énormes opportunités pour les entreprises et les consommateurs, en particulier dans les domaines de la santé, de l'entreposage, du transport et de la logistique.

Il existe trois niveaux principaux de solutions IBM IoT compatibles avec le cloud qui répondent aux besoins de différents problèmes d'entreprises IoT :

» **Devices Gateway :** Device Gateway est destiné aux appareils intelligents ou capteurs qui collectent des données à propos du monde physique. Cela pourrait être des choses comme des capteurs de conditions météorologiques, des contrôles de température pour conteneurs réfrigérés, ou des statistiques vitales pour un patient. Ces appareils IoT envoient leurs données à travers Internet pour des analyses et traitements.

» **Plateforme IoT IBM Watson :** IBM combine son superordinateur avec sa plateforme IoT pour collecter des données depuis les appareils IoT, puis les analyser, et envisager des actions ultérieures pour régler des problèmes. Watson fournit l'apprentissage machine, le raisonnement par machine, le traitement de langage naturel, et l'analyse d'image qui améliorent la capacité à traiter des données déstructurées collectées depuis ces capteurs.

» **IBM Bluemix :** Bluemix est une plateforme cloud basée sur des standards ouverts pour la construction, l'exécution, et la gestion d'applications et services. Elle supporte des applications IoT en rendant facile à inclure des capacités analytiques et cognitives dans ces applications.

Créer et configurer votre blockchain Fabric IBM est facile. Vous n'aurez même pas besoin de l'aide de votre développeur ! Une fois que vous avez terminé la configuration de votre blockchain, vous pouvez l'intégrer à la plateforme Watson IoT.

Suivez ces étapes pour l'installer en quelques minutes :

1. **Dans le tableau de bord du compte Bluemix, cliquez sur Utiliser les services ou les API.**
2. **Dans la section Application Services du catalogue de service, cliquez sur Blockchain.**
3. **Verifiez vos choix de blockchains :**
   - **Vérifiez votre espace.** Si vous avez plus que l'espace par défaut, vérifiez que vous déployez le service dans l'espace voulu.
   - **Vérifiez votre application.** Laissez-la non liée, ou découplée.
   - **Vérifiez le nom de votre service.** Optez pour un nom facile à mémoriser.
   - **Vérifiez l'offre sélectionnée.** Prenez l'offre gratuite.
4. **Cliquez sur Créer.**

Votre IBM Blockchain sera déployée sur Bluemix et vous fournira initialement deux nœuds pairs.

Il existe un énorme potentiel pour développer des applications IoT qui font des économies en utilisant la blockchain. Les registres distribués avec des contrats intelligents intégrés peuvent améliorer la sécurité et la confiance, et automatiser les processus. La plateforme IoT IBM Watson peut être combinée avec les services blockchain basés sur Bluemix pour fournir une plateforme prête à déployer pour les applications IoT basées sur des blockchains et des standards ouverts.

Le développement et le test de ces implémentations sont simples mais nécessiteront l'aide d'un développeur.

Suivez ces étapes pour configurer votre premier projet :

1. **Configurez votre blockchain privée sur Bluemix.** Vous avez besoin d'un développeur pour configurer l'intégration de votre blockchain privée basée sur le service IBM Blockchain.
2. **Développez et déployez des contrats intelligents dans les données d'appareils basés sur la blockchain.**
   Un exemple serait de faire modifier un paiement d'envoi de biens par un contrat s'il était délivré après la date prévue.
3. **Connectez vos appareils à la plateforme IBM Watson IoT.**
   Vous avez besoin que votre développeur connecte les capteurs à la plateforme Watson IoT. Lorsque c'est fait, les appareils IoT enverront des données à filtrer, à agréger, et à publier sur votre blockchain.
4. **Intégrez les données de vos appareils IoT dans le registre distribué.**
   Demandez à votre développeur d'intégrer la plateforme Watson IoT pour qu'elle puisse envoyer des données à vos services IBM Blockchain fonctionnant dans Bluemix.
5. **Installez votre UI de surveillance.**
   a. Autoriser blockchain dans l'onglet Settings.
   b. Configurer la connexion au service Blockchain.
   c. Cliquez sur le bouton Add et remplissez les détails du service Blockchain dans la fenêtre de dialogue.
   d. Confirmez tous vos changements.
   e. Sélectionnez le menu blockchain pour mapper les données de l'appareil. Vous aurez ici peut-être besoin de l'aide de votre développeur.
   f. Suivez l'assistant et fournissez les entrées requises pour finir de mapper les données du périphérique au contrat blockchain.
6. **Déployez l'ID Chaincode.**
   Lorsque les données arrivent en temps réel, les contrats intelligents sont exécutés sur les données. En fonction du résultat, une transaction est complétée et enregistrée dans le registre digital et ensuite partagée avec les pairs.
7. **Développez les applications clients pour les utilisateurs finaux.**
   Quelques challenges doivent être surmontés sur le système IBM et dans le développement précoce des blockchains IoT. Beaucoup d'appareils IoT ont des puissances informatiques limitées ou difficiles à modifier. Encrypter et vérifier des données requiert de la puissance de traitement et peut causer des problèmes avec la durée de vie de la batterie.

Maintenant, vous pouvez créer votre propre contrat Chaincode. Vous aurez peut-être besoin de l'aide de votre développeur, car il nécessite l'utilisation de GitHub et GoLang. Voici un aperçu de haut niveau du processus afin que vous puissiez voir les besoins de ce type de projet :

1. **Créez un projet GitHub.**
   C'est ici que vous stockerez vos contrats intelligents.
2. **Configurez un environnement Hyperledger local de développement et de test.**
   Vous avez besoin d'installer quelques choses sur votre ordinateur incluant Docker, Pip, Git client, Go, et Xcode pour les utilisateurs Mac. Relisez le Chapitre 3 pour les instructions de configuration de Docker.
3. **Téléchargez le modèle de contrats intelligents d'IBM.**
   Cette étape est optionnelle, mais vous fera construire votre premier contrat plus facilement.
4. **Créez un contrat intelligent de test.**
5. **Construisez les exécutables de votre contrat.**
   Votre contrat doit convertir un exécutable. Le modèle a un exécutable de contrat intégré.
6. **Testez le contrat dans la sandbox Hyperledger.**
7. **Déployez le contrat dans GitHub.**

Félicitations ! Vous avez configuré votre contrat IBM. Vous pouvez y revenir plus tard et mapper le contrat à un appareil IoT dans votre tableau de bord Bluemix.

IV

Impacts sur l'industrie

DANS CETTE PARTIE :

Envisagez le futur de l'industrie des services financiers lorsqu'elle utilise la technologie blockchain pour bouger de l'argent autour du monde rapidement et sans coûts.

Clarifiez votre connaissance de l'immobilier mondial en ce qui concerne la technologie blockchain.

Identifiez les opportunités dans l'industrie de l'assurance pour réduire les fraudes et augmenter les profits à travers de nouveaux instruments d'assurance.

Examinez la large implication des industries de systèmes permanents à l'intérieur du gouvernement et des cadres juridiques.

Appréhendez d'autres tendances globales dans la technologie blockchain et comment elles façonneront le monde dans lequel vous vivez et les outils de la vie de tous les jours que vous utilisez.

Chapitre 12

Technologie financière

DANS CE CHAPITRE :

- **Découvrir les futures tendances globales des banques**
- **Découvrir les nouveaux moyens d'investissements**
- **Exposer le risque dans la blockchain bancaire**
- **Développer de nouvelles stratégies financières**

Les premiers à adopter la technologie blockchain ont été les banques, gouvernements, et autres institutions financières, et ils sont également les utilisateurs blockchain à croissance rapide. Les outils puissants qui sont construits pour gérer et déplacer de l'argent réorganiseront notre monde d'une nouvelle manière et de façon inattendue, il est donc logique que la technologie financière (fintech) fasse partie du voyage.

Ce chapitre vous informe sur ce que les gouvernements font actuellement avec la technologie blockchain et la manière dont elle vous affectera. La fintech impacte votre vie de tous les jours, que vous le vouliez ou non.

Dans ce chapitre, je vous informe des futures tendances bancaires, des nouvelles réglementations, et des nouveaux outils qui peuvent vous aider à déplacer l'argent de manière plus rapide et moins coûteuse. J'explique également les nouveaux moyens de véhiculer des investissements et d'autres innovations blockchain. Enfin, je vous mets en garde sur les risques potentiels d'investissements impliquant des monnaies virtuelles et de nouveaux produits financiers liés à la technologie blockchain.

Sortir votre boule de cristal : les futures tendances bancaires

La banque a été la première industrie à reconnaître la menace du bitcoin et ensuite le potentiel de la blockchain à transformer l'industrie. Le secteur bancaire est fortement réglementé, et les frais d'organisation et de fonctionnement en tant que banque sont coûteux. Ces lourdes réglementations ont été un bouclier isolant et protecteur pour l'ensemble de l'industrie, ainsi qu'un fardeau. L'apparition d'une monnaie numérique rapide et efficace, qui ne supporte pas le coût de la gestion des espèces et qui est traçable au fur et à mesure qu'elle traverse le système financier était une proposition à la fois enivrante et menaçante. L'idée que la valeur peut être exercée hors du contrôle des autorités centrales a également suscité l'intérêt des institutions financières et des gouvernements qui soutiennent les devises.

Initialement, ces institutions financières et les gouvernements ont essayé de bloquer la blockchain avec la réglementation. Aujourd'hui, ils adoptent la blockchain grâce à des investissements à travers le monde.

En 2013 et en 2014, la Securities and Exchange Commission des États-Unis (SEC) a émis un avertissement aux investisseurs sur les risques potentiels d'investissements impliquant une monnaie virtuelle. L'avertissement était que les investisseurs pourraient être incités avec la promesse de retours élevés, et ne seraient pas assez sceptiques sur l'espace d'investissement qui était si nouveau et de pointe. Selon la SEC, la monnaie numérique était l'une des dix principales menaces pour les investisseurs. Aujourd'hui, la SEC est prête à s'engager auprès des entreprises et des investisseurs, car la crypto-monnaie est de plus en plus attractive pour les industries.

Moins de deux années plus tard, les pays du monde entier, y compris le Royaume-Uni, le Canada, l'Australie et la Chine, ont commencé à étudier comment ils pourraient créer leurs propres monnaies numériques, s'accaparer la monnaie numérique et la placer sur la blockchain. Le tournant de l'histoire a été lorsqu'ils ont commencé à percevoir que les bénéfices ont commencé à dépasser les risques. Bitcoin a pu tenir tête aux hackers pendant plusieurs années, même lorsque de nombreux systèmes gouvernementaux étaient compromis, ce qui en a fait un système attrayant à essayer. Les innovations dans la technologie blockchain ont promis d'être en mesure de gérer le besoin de milliards de transactions nécessaires pour soutenir les économies, rendant possible une crypto-monnaie à l'échelle mondiale.

Les blockchains sont en elles-mêmes des enregistrements permanents et inaltérables de toutes les transactions. Mettre la masse monétaire d'un pays sur une blockchain contrôlée par une banque centrale serait totalement contraire aux principes, car il y aurait un enregistrement permanent de toutes les transactions financières, existant à un certain niveau dans leur registre blockchain, même si elles ne pouvaient pas être visibles pour le public. La technologie blockchain et les monnaies numériques réduiraient les risques et la fraude et leur donneraient le contrôle ultime dans l'exécution de la politique monétaire et de la fiscalité. Ce ne serait pas anonyme comme Bitcoin l'était au début. En fait, bien au contraire : cela leur permettrait d'avoir une trace complète et vérifiable de toutes les transactions numériques réalisées par des particuliers et des entreprises. Cela pourrait même permettre aux banques centrales de remplacer le rôle des banques commerciales dans la circulation de l'argent.

La question de savoir à quoi ressemblera l'avenir de la banque peut être effrayante et excitante à la fois. Les consommateurs peuvent maintenant payer des amis *via* leurs téléphones presque instantanément dans presque n'importe quel type de monnaie ou crypto-monnaie. De plus en plus de magasins de détail ont commencé à utiliser les crypto-monnaies comme moyen de payer les biens, et de recevoir le paiement des clients. Au Kenya, l'utilisation de la crypto-monnaie est plus normale que de ne pas l'utiliser. Mais ce n'est toujours pas l'option dominante pour la plupart du monde. Les marchés occidentaux sont toujours en phase d'adoption précoce.

Étant donné que la plupart des individus ont leurs avoirs bloqués en monnaie légale par les gouvernements ou enfermés dans des actifs appartenant aux systèmes gouvernementaux existants, les innovations fintech doivent fusionner avec ces systèmes existants avant de voir l'utilité dominante de la blockchain ou des devises numériques. Si les régulateurs trouvent des façons de taxer et d'enregistrer des comptes, l'adoption en masse de portefeuilles orientés vers le client avec des jetons numérisés se fera d'ici deux ou trois ans.

Le marché du commerce interentreprise commencera à utiliser la blockchain beaucoup plus rapidement. Un système encadré par une politique de production et les opérations associées sera effectif en moins de deux ans. Ripple et R3, parmi d'autres, ont travaillé dur pour rendre cela possible. Ces systèmes se concentreront avant tout sur la création institutionnelle de représentations numériques de dépôts. Ce sont les IOU (reconnaissances de dette) entre les départements organisationnels internes et entre les partenaires fiables, comme les vendeurs. Les régulateurs, les banques centrales, et autorités monétaires investissent tous massivement pour rendre cela possible. Le Canada et Singapour s'y placent très rapidement.

Les réglementations Connaissez Votre Client (KYC) et de lutte contre le blanchiment d'argent (AML) obligent les banques à savoir avec qui ils font affaire afin de s'assurer qu'ils ne participent pas au blanchiment d'argent ou au terrorisme. Les banques qui émettent des crypto-monnaies ont encore d'importants défis à relever. Afin de rester conformes aux règlements KYC et AML, elles doivent connaître l'identité de tous les individus qui utilisent leur monnaie. Dans de nombreux cas, les comptes bancaires des personnes sont déjà des services de débit et de crédit des transactions, comme les registres distribués dans les blockchains, à l'exception des services centralisés. Les premiers candidats dans ce domaine vont être des régions où les régulateurs, les banques et les banques centrales travaillent ensemble. Singapour et Dubaï sont de bons candidats qui ont déjà des initiatives blockchain.

Déplacer de l'argent plus rapidement : à travers les frontières et au-delà

L'évaluation du volume de transactions devant être satisfaite par une blockchain traitant la monnaie d'une économie comme le Royaume-Uni ou les États-Unis est difficile. Les États-Unis à eux seuls traitent des milliards de transactions par jour et pour plus de 17 billions de dollars par an. C'est beaucoup de responsabilités pour une nouvelle technologie ! La nation serait paralysée si son approvisionnement monétaire était compromis.

Le Fonds Monétaire International, la Banque mondiale, la Banque des règlements internationaux et les banquiers centraux du monde entier se sont rencontrés pour discuter de la technologie blockchain. La première étape vers un argent plus rapide et moins coûteux serait d'adopter une blockchain comme protocole pour faciliter les transferts bancaires et le règlement interbancaire. Les monnaies numériques officielles que les citoyens ordinaires utiliseraient quotidiennement viendraient beaucoup plus tard.

Les consommateurs individuels ne sentiraient pas directement la réduction des coûts d'utiliser une blockchain pour le règlement interbancaire. Les économies seraient observées dans la ligne de base de la banque en tant que réduction des coûts pour les frais facturés par les intermédiaires.

Les consommateurs voudront toujours des magasins et des banques commerciales pour un avenir prévisible. Mais les millénials ont déjà adopté des paiements activés par application *via* PayPal, Venmo, Cash et d'autres encore. Une nouvelle façon de payer sur leur téléphone ne les gênerait pas.

Le grand défi est que si tout l'argent est numérique, le compromettre pourrait être catastrophique. Il est possible que l'architecture des systèmes blockchain soit assez solide. Le problème pourrait être que le code dans le système soit exécuté de manière inattendue, comme cela s'est produit dans le hack de l'organisation autonome décentralisée (DAO) sur Ethereum (voir Chapitre 5). Si la crypto-monnaie fonctionnait sur une blockchain publique traditionnelle, alors 51 % des nœuds du réseau devaient se mettre d'accord pour régler le problème. Un accord en place pourrait prendre beaucoup de temps, et il ne serait pas pratique pour les entreprises et les personnes qui ont besoin d'argent stable et sécurisé en tout temps.

De nombreuses blockchains fonctionnent comme des démocraties. Une majorité (51 %) du réseau de nœuds blockchain est nécessaire pour effectuer un changement.

Création d'un historique permanent

La souveraineté des données et la vie privée numérique vont devenir des sujets phares à l'avenir. La prévention de la fraude sera plus facile, car si l'ensemble de l'économie utilise une crypto-monnaie, il y aura toujours un sentier vérifiable à l'intérieur de la blockchain qui la sécurise. Cela implique l'application de la loi, mais est un cauchemar pour la vie privée des consommateurs.

Du point de vue du client, il existe déjà une piste d'audit pour tout ce que vous achetez avec une carte de crédit ou de débit. Du point de vue des institutions, il est avantageux d'avoir des pistes d'audit, car cela augmente la transparence de la documentation et des cycles de vie des mouvements de ces actifs entre différentes régions. Cela ajoute de la légitimité à la négociation d'actifs et leur permet de respecter leurs transactions quotidiennes.

Le droit à l'oubli qui règne en Europe, ce qui permet aux citoyens de ne pas avoir leurs données propagées à jamais sur Internet, est un défi difficile pour les blockchains, car les blockchains ne peuvent pas oublier. Les gouvernements et les sociétés auraient des enregistrements historiques permanents de chaque transaction, ce qui pourrait être dévastateur pour la sécurité nationale s'ils étaient exposés au public. Ou dans le cas d'une entreprise, cela pourrait permettre à ses concurrents d'avoir une idée de la façon dont elle investit.

Le plus grand défi pour l'utilisation d'une blockchain sans autorisation comme Ethereum ou Bitcoin garantirait que vous n'avez pas envoyé d'argent à un pays de l'OFAC pour soutenir le terrorisme. La réponse est que vous ne pouvez pas, car il y a une sorte d'anonymat et n'importe qui peut ouvrir un portefeuille. Il est possible de créer des algorithmes pour tracer les mouvements de transactions, le gouvernement des États-Unis fait cela depuis des années, mais tout le monde peut transférer de la valeur dans un monde sans autorisation.

Le Bureau de contrôle des actifs étrangers maintient des sanctions sur des organisations ou des individus spécifiques dans des pays considérés comme une forte menace. Le gouvernement est incapable de suivre l'historique des transactions lors de l'utilisation anonyme de plateformes sans autorisation.

Le besoin de KYC et AML fait un cas de la blockchain autorisée dans l'espace du registre partagé. La société de logiciel R3 a développé Corda, une sorte de plateforme blockchain privée et autorisée pour répondre à de nombreux défis directement. Elle ne diffuse pas globalement les données de ses participants. Cela maintient les données dans la blockchain Corda en privé et constitue l'exigence principale non fonctionnelle demandée par plus de 75 banques qui ont travaillé avec R3 pour adopter la technologie blockchain. Elles doivent maintenir leur vie privée et répondre à de fortes exigences réglementaires.

Se lancer à l'International : produits financiers mondiaux

Les blockchains inaugureront de nombreux nouveaux types de sécurités et de produits d'investissement. Les nouveaux marchés ouvriront des méthodes plus efficaces pour calculer les risques, car les garanties seront beaucoup plus transparentes et fongibles à travers les institutions lorsqu'elles seront comptabilisées dans un système blockchain.

Hernando de Soto, le célèbre économiste péruvien, estime qu'en fournissant aux pauvres du monde des titres pour leurs terres, les maisons et les entreprises non enregistrées, cela libérerait 9,3 billions de dollars d'actifs. C'est ce que l'on appelle un capital mort.

On peut imaginer que les pays qui peuvent libérer leur capital mort, les biens immobiliers non finançables qu'ils possèdent auront la possibilité d'intégrer et vendre ces intérêts dans ces actifs à travers un marché mondial. Il s'agirait de titres transparents garantis par des emprunts hypothécaires pour de nouveaux développements immobiliers en Colombie ou au Pérou.

À l'avenir, les pays pourront libérer leur capital mort. Les propriétaires de propriétés, de terrains non aménagés et de propriétés non négociables auront maintenant l'opportunité de vendre les intérêts sur ces actifs sur un marché mondial.

Ces actifs seront aussi attrayants, car les gestionnaires d'actifs seront en mesure d'analyser efficacement les actifs sous-performants compte tenu de la transparence et de la capacité à l'un d'être remplacé par l'autre par une technologie basée sur la blockchain. L'utilisation de blockchains pour gérer ces actifs donnera aux gestionnaires le pouvoir de détenir des sécurités sur-performantes, d'enlever les pommes pourries, de les reclasser et de les vendre en tant que nouvelles sécurités.

Pour les clients non institutionnels, les micro-investissements seront une destination attrayante permise globalement et localement, grâce à des plateformes de trading blockchain. L'utilisation de la technologie blockchain leur donnera également les moyens d'investir dans les entreprises et leurs activités spécifiques sans avoir de minimum ou besoin de passer par des intermédiaires qui prennent un pourcentage de l'investissement.

Les organisations autonomes décentralisées (DAO) sont déjà présentes et font des pools d'investissement DAO pour quelques investisseurs tolérants au risque et plus compétents techniquement. Il se peut qu'il y ait du temps avant qu'un investisseur institutionnel en utilise un, ou qu'un gestionnaire de portefeuille recommande de mettre de l'argent dans un véhicule basé sur DAO pour ses clients.

Les DAO suppriment beaucoup de paperasserie et de bureaucratie nécessaires à l'investissement en créant un système de vote basé sur une blockchain, et en donnant des parts à ceux qui investissent dans leur produit. Pour toute blockchain, le code comme concept de loi le rend implacable. Les risques sont nombreux, en particulier lorsqu'il existe un code mal écrit qui s'exécute de manière non voulue. Les conséquences sont que les hacks de ce système peuvent être sévères. La nature transparente du système original, le code défectueux, donne aux pirates un vecteur d'attaque plus large et leur permet d'attaquer à plusieurs reprises, car ils gagnent de plus en plus d'informations à chaque fois.

Dans la section suivante, je discute des aspects et des avantages de la technologie blockchain sur l'économie mondiale.

La paie sans frontière

Notre monde est global, et les entreprises n'ont pas de frontières. La paie instantanée et presque gratuite est attirante et épargnerait beaucoup de maux de tête aux organisations. Mais il y a aussi des inconvénients.

Les risques les plus importants seront liés à la perte de fonds par piratage. Si vous êtes compensé en crypto-monnaie, et que vous ayez été piraté, il serait impossible de récupérer vos fonds. Il n'y a pas de centre de règlement des différends. Il n'y a pas de service à la clientèle pour se plaindre de la perte de ces fonds. Les voleurs de monnaie numérique ont un accès global, tout en étant quelque peu anonymes. Le pirate pourrait être n'importe où.

Avec la structure actuelle des blockchains, le consommateur est responsable de sa propre sécurité. À l'heure actuelle, les clients n'ont pas le fardeau de se protéger et de s'assurer contre une perte. Les grandes entreprises et les gouvernements offrent une protection et une assurance, et ils le font depuis si longtemps que plus personne ne se pose de question à ce sujet. Les individus n'ont pas eu à se protéger de cette manière depuis qu'ils ont cessé de garder leur propre or à l'époque médiévale (plus ou moins).

Ces défis n'ont pas empêché les entreprises de payer la masse salariale en utilisant la crypto-monnaie. Bitwage et BitPay rivalisent tous les deux sur le marché du traitement de la paie *via* Bitcoin. Bitwage permet aux employés et aux entrepreneurs indépendants de recevoir une partie de leur chèque de paie en crypto-monnaie, même si leurs employeurs n'offrent pas l'option. BitPay, d'autre part, a intégré les fournisseurs de services de paie Zuman et Incoin dans ses API de paiement et de paie. Encore une fois, une adoption anticipée se produit dans des domaines qui présentaient des solutions inexistantes ou inadéquates auparavant.

Un commerce plus rapide et de meilleure qualité

Les blockchains faciliteront un commerce plus rapide et probablement plus d'échanges inclus. Le financement du commerce mondial a été restreint ces dernières années. Certaines banques, comme Barclays, se sont même retirées des marchés africains croissants. Elles laissent derrière elles un vide pour financer le commerce. Les entreprises ont toujours besoin de capitaux pour expédier leurs marchandises.

Les DAO et les micro-investissements pourraient répondre à ce besoin et donner aux investisseurs des rendements plus rentables que ceux actuellement disponibles sur le marché. La transparence de tous les produits vendus, l'identité sécurisée et le suivi global sans interruption qui sont tous liés à une blockchain ouvriront cette opportunité aux petits investisseurs.

L'interopérabilité entre les devises, que les entreprises comme Ripple facilitent, permettra également d'accroître le commerce, car elles offrent des moyens plus souples de calcul des taux de change que par le biais des mécanismes de transfert. L'introduction de monnaies numériques plus populaires dans les échanges de devises étrangères contribuera à l'adaptabilité et à l'intégration des marchés mal desservis.

BitPesa est une société qui convertit les minutes de téléphone M-pesa du Kenya en bitcoins. Avec cette technologie, elle offre aux entreprises un moyen plus rapide et moins coûteux d'envoyer ou de recevoir des paiements entre l'Afrique et la Chine. Le commerce entre l'Afrique et la Chine est un marché de plus de 170 milliards de dollars. Cela prend des jours pour régler les paiements à travers les frontières, et les frais sont élevés. Lorsque vous utilisez la plateforme numérique de BitPesa, les paiements sont instantanés et bon marché.

Paiements garantis

Les paiements garantis autorisés dans le cadre de transactions renforcées par blockchain augmentent les échanges dans des endroits où la confiance est faible. Les pays les plus pauvres peuvent rivaliser sur le même pied d'égalité que les nations les plus riches au sein de ces types de systèmes. Comme cela se produira au cours des dix prochaines années, l'économie mondiale changera. Le coût des marchandises et du travail peut augmenter.

Les entreprises mondiales paient leurs employés en fonction de prix compétitifs, ainsi que sur les salaires antérieurs des employés. Si les blockchains permettent l'égalité entre les divisions économiques, cela ne se produira pas du jour au lendemain. Les développeurs et les autres travailleurs du savoir seraient l'exception, car il leur serait plus facile subvenir à leurs besoins grâce à un travail anonyme.

L'inclusion financière et le commerce mondial équitable sont des sujets très importants pour les gouvernements. L'adoption de devises numériques sera plus vraisemblablement réalisée à l'échelle nationale dans les petits pays et les pays en développement. La plupart des grands pays ont des structures de pouvoir décentralisées qui empêchent des changements rapides pour des systèmes vitaux comme l'argent.

Leurs structures centrales de pouvoir de petits pays leur permettront de dépasser les infrastructures et la bureaucratie existantes. Par exemple, la plupart des pays d'Afrique et d'Amérique du Sud n'ont pas de lignes fixes ou d'adresses, mais ils ont tous des smartphones et la capacité de créer des portefeuilles de crypto-monnaies. La pièce manquante est la liquidité commerciale globale et la capacité de payer pour les besoins de base tels que les services publics, le loyer, et la nourriture par une crypto-monnaie.

Micropaiements : la nouvelle nature des transactions

Les micropaiements sont la nouvelle forme de transaction. Les sociétés de cartes de crédit peuvent utiliser la technologie blockchain pour régler la transaction, réduire la fraude, et réduire leurs propres coûts.

Les institutions mondiales comme Visa et MasterCard, offrant le bénéfice d'un paiement différé, seront toujours nécessaires aux consommateurs dans les sociétés capitalistes. Même si le *backend* change, vous disposez toujours des mêmes points d'accès pour les clients. Mais les cartes physiques disparaîtront. En fait, cela se passe actuellement, même sans la technologie blockchain. Avec la technologie blockchain, la sécurité des identités des clients après paiement sera plus renforcée contre le vol.

Les gens ont encore besoin de crédit pour exploiter et développer une entreprise. Les sociétés de cartes de crédit continueront à gagner de l'argent grâce aux frais de transaction. Les crédits contrôlent le monde, et les marchés des capitaux seront toujours présents dans notre structure sociale. Le coût de l'envoi d'argent entre les groupes diminuera, mais c'est une bonne chose pour les institutions financières. Elles veulent avant tout fournir à leurs clients les meilleurs choix dans leurs marchés d'investissement ou bancaires.

Éliminer la fraude

Bitcoin a été créé en réponse à la crise financière, où la fraude et d'autres actions contraires à l'éthique ont eu pour effet de faire s'effondrer l'économie mondiale. Il passe d'une vision du monde « faire confiance ou ne pas faire confiance » à un système sans confiance. Cette différence subtile est perdue pour la plupart. Un système sans confiance est celui dans lequel vous faites confiance et ne faites pas confiance à toutes les personnes du réseau de manière égale. Plus important, la blockchain fournit un cadre qui permet aux transactions de se produire sans confiance.

Ces mêmes types de cadres peuvent être utilisés au-delà de simples échanges de valeur sur le réseau. Permettez-moi de partager un exemple qui aidera à illustrer le potentiel.

Je vais à un bar et l'homme à la porte m'arrête et demande à voir ma carte d'identité. J'ouvre mon porte-monnaie et lui remets mon permis de conduire. Mon permis comporte beaucoup d'informations à mon sujet dont le videur n'a pas besoin, et auxquelles il ne devrait pas avoir accès (comme mon adresse). La seule information dont il a besoin, c'est de savoir que j'ai plus de 18 ans. Il n'a même pas besoin de savoir quel âge j'ai, juste de satisfaire aux exigences de la réglementation.

À l'avenir, les systèmes d'identification blockchain vous permettront de choisir les informations que vous exposez à quelle personne et à quel niveau. Plus il y a de données anonymes, plus cela sera sûr. Les systèmes blockchain aideront à freiner le vol d'identité et de données en ne partageant pas l'information avec ceux qui n'en ont pas besoin.

Un autre aspect de la technologie blockchain est qu'elle écartera la fraude d'où elle s'est passée vers l'endroit où elle se passe actuellement en temps réel. Dans notre système actuel, les audits sont des autopsies fractionnaires de ce qui s'est passé. Un groupe de vérificateurs extérieurs vient, tire quelques fichiers aléatoires, et voit si tout est en place. Faire quelque chose au-delà de cela est trop coûteux et prend du temps.

Les systèmes d'enregistrement dotés d'une technologie blockchain intégrée en leur sein seront en mesure d'auditer un fichier tel qu'il a été créé, agençant des fichiers incomplets ou inhabituels à mesure qu'ils ont été créés. Cela donnera aux gestionnaires les outils dont ils ont besoin pour corriger les lacunes avant de devenir un problème.

Une autre caractéristique des systèmes blockchain sera la capacité de partager les données avec des tiers de manière transparente. À l'avenir, le partage des données sera aussi simple que l'envoi par courrier électronique d'un fichier ZIP, sauf que le destinataire aura accès à la version originale, et non à une copie si le fichier a été envoyé par courrier électronique. Lorsque quelqu'un envoie un fichier, il a une version sur son ordinateur et le destinataire a une version. Avec la technologie blockchain, les deux personnes ne partageront qu'une seule version.

Les blockchains agissent comme un tiers qui témoigne de l'âge et de la création des fichiers. Ils peuvent dire à un niveau granulaire chaque personne qui a interagi avec un fichier au travers des systèmes, à l'intérieur et à l'extérieur. Ils peuvent montrer ce qui manque dans un fichier, et pas seulement les données qui s'y trouvent actuellement. Les fichiers blockchain peuvent également être partagés d'une manière qui ne compromet pas la validité des documents.

Ce que cela signifie c'est que vous pourrez voir l'âge d'un fichier, son histoire complète, et ce à quoi il ressemblait au fil du temps à mesure qu'il évoluait. De manière plus intéressante, vous pourrez également voir si quelque chose manque d'un fichier. Ce concept s'appelle *la preuve négative*. La plupart des systèmes à ce stade ne peuvent que vous dire ce qu'ils ont en eux. Mais vous serez en mesure de dire ce qu'un fichier *n'a pas*.

L'audit sera moins coûteux et plus complet. La mise à jour des règles d'audit pourrait se faire de manière plus centralisée. Lorsque les nœuds réglementaires dans un réseau blockchain ont une vue partagée et transparente des transactions d'actifs, le rapport de ces transactions peut se faire par l'intermédiaire de la localisation du régulateur, sans demander à 100 ou plus autres institutions d'adhérer à la même règle.

Les systèmes basés sur la blockchain intégrés à l'ensemble d'une organisation pourront savoir où chaque centime a été dépensé. La dernière partie de la façon dont l'argent est dépensé est le plus difficile à prendre en compte à travers les organisations et les gouvernements. Ainsi, ceux qui souhaitent voler des fonds ont l'ouverture dont ils ont besoin.

Le dernier kilomètre pourrait devenir la meilleure opportunité d'une entreprise pour économiser les ressources gaspillées et identifier les individus corrompus. Les sociétés sans profits qui ont des directives comptables strictes sur la façon dont elles dépensent leur argent pourraient le plus bénéficier de ce type de système. Elles pourraient répondre à leurs besoins en matière d'audit et de responsabilité envers leurs donateurs, sans les entraver dans leurs missions supérieures.

Un système qui a été exploré s'intégrerait directement au travail des travailleurs humanitaires. Ce système a été conçu à l'origine pour suivre les dossiers médicaux, mais pourrait également retracer toutes les fournitures utilisées pour chaque patient. Les avantages de ce système seraient monumentaux, étant donné que tant de fraudes et de vols se produisent dans le monde des ONG.

Chapitre 13

L'immobilier

DANS CE CHAPITRE :

- » **Évaluer les tendances globales de l'immobilier**
- » **Découvrir du capital mort et les façons d'y remédier**
- » **Dévoiler comment Fannie Mae ira dans un monde blockchain**
- » **Révéler comment la Chine évoluera avec la technologie blockchain**

L'immobilier sera l'une des industries les plus touchées par les innovations dans la technologie blockchain. L'impact sera ressenti dans tous les pays d'une manière légèrement différente. Dans le monde occidental, nous pourrions voir l'avènement de choses comme des titres transparents à créance hypothécaire échangés sur des bourses basées sur des blockchains.

En Chine, l'intégration blockchain se déroule déjà avec des choses comme la notarisation, une composante essentielle des transactions immobilières. Dans les pays en développement, les blockchains sont les plus prometteuses, car elles peuvent libérer du capital et accroître le commerce.

Ce chapitre se plonge dans les innovations qui se déroulent dans le monde entier dans le secteur de l'immobilier. Je vous présente également les changements possibles à venir et les implications importantes de la technologie blockchain.

L'immobilier possède une grande partie de la richesse mondiale et de la stabilité économique. L'industrie va changer très rapidement au cours des prochaines années, et savoir où ces changements se produiront et comment vous et votre entreprise pouvez en profiter sera un avantage.

Éliminer les assurances-titres

L'assurance-titres est une compensation pour perte financière due aux défauts de votre titre pour un achat immobilier. C'est nécessaire si vous prenez une hypothèque sur votre maison ou si vous la refinancez. L'assurance-titres protège l'investissement de la banque contre les problèmes de titres qui ne se trouvent pas dans les dossiers publics, sont manquants dans la recherche de titre ou sont réalisés par fraude ou contrefaçon.

Une assurance-titres est nécessaire dans les endroits qui utilisent les droits communs pour régir leurs systèmes de titres. L'acheteur est responsable de s'assurer que le titre du vendeur est bon.

Dans ces systèmes, une recherche de titre est effectuée et l'assurance est achetée. Dans les zones qui utilisent un système de titres Torrens, un acheteur peut compter sur l'information dans le registre foncier et n'a pas besoin de regarder au-delà de ces enregistrements.

La technologie blockchain a été proposée comme un complément pour aider les consommateurs dans les systèmes de titre de droit commun. L'idée est simple : les blockchains sont des systèmes généraux de tenue de dossiers publics ; ils ne peuvent pas non plus être rétrogradés ou modifiés sans enregistrement. En théorie, les blockchains pourraient transformer les systèmes de droits communs en systèmes de titres Torrens distribués.

Tout d'abord, de nombreux défis doivent être surmontés. Chaque comté dans un système de droits communs a ses propres registres fonciers, où tous les actes ou documents qui transfèrent le titre à un terrain ou tout intérêt sur un terrain dans le comté sont enregistrés et notés. Les États-Unis seuls ont des milliers de comtés. Les milliers de bureaux individuels créent des silos de données. La blockchain ne change pas la loi ou la façon dont les enregistrements sont organisés.

Il faudrait créer de nouvelles lois qui dictent que tous les intérêts et les transferts de terres doivent être enregistrés dans un seul système pour être valides. Ensuite, ce n'est qu'un système Torrens, et cela peut rendre la technologie blockchain redondante. L'exception serait dans les domaines où il y a beaucoup de fraudes dans le registre foncier.

Dans les sections suivantes, j'explore le secteur de l'immobilier, et où les blockchains ajoutent de la valeur.

Les industries protégées

Chaque industrie dispose de systèmes d'autoprotection pour éviter toute nouvelle concurrence. Il pourrait s'agir d'un fardeau réglementaire élevé, de monopoles accordés par le gouvernement ou de coûts élevés pour les start-up. L'industrie qui s'est construite autour de l'achat et de la vente de biens immobiliers n'a pas beaucoup changé au cours des quarante dernières années et est susceptible d'être perturbée.

Beaucoup de parties différentes contribuent au processus. Voici les différentes industries qui sont construites autour de l'achat et la vente de maisons :

- **Agents immobiliers :** un agent immobilier vous aide à comparer différents quartiers et à trouver une maison. Il vous aide souvent à négocier le prix et communique avec le vendeur en votre nom. Ce service a de la valeur, et ce n'est pas susceptible d'être déplacé par la technologie blockchain.
- **Experts en bâtiment :** les inspecteurs de maisons dévoilent les défauts de la maison avant que vous l'achetiez – défauts qui pourraient coûter de l'argent au fil du temps. Les défauts que les inspecteurs de maisons trouvent peuvent être utilisés pour négocier un meilleur prix avec le vendeur. Dans le futur, les maisons continueront à avoir de l'usure – ça ne changera jamais. Mais la technologie blockchain pourrait être utilisée pour répertorier les réparations et défauts trouvés lors de cette inspection.
- **Notaires :** à la clôture, la dernière étape est le règlement. Le représentant de clôture supervise et coordonne les documents de clôture, les enregistres, et donne l'argent aux parties appropriées. Les représentants de clôture peuvent être déplacés dans la blockchain ; les fonctions effectuées par le représentant de clôture pourraient être construites dans des contrats intelligents et des chaincodes.
- **Prêteurs hypothécaires et prestataires de services :** les prêteurs hypothécaires et prestataires de services fournissent des fonds pour un prêt hypothécaire et recueille les paiements hypothécaires en cours. Ils ne seront pas déplacés dans la technologie blockchain, mais peuvent utiliser cette technologie afin de réduire les coûts avec la tenue de dossiers et la vérification.
- **Évaluateurs immobiliers :** le travail des agents immobiliers est de regarder une propriété et d'évaluer son prix. Le processus d'évaluation est effectué à chaque fois qu'une propriété est achetée ou refinancée. Les entreprises

comme Zillow ont beaucoup travaillé pour connaître la valeur du marché, mais chaque maison est unique et a besoin d'être évaluée périodiquement. Même dans le processus de prêt hypothécaire immobilier, des contestations multiples peuvent amener à répondre aux besoins de chacun. Il peut être utile d'enregistrer cette donnée dans une blockchain en tant que preuve publique.

- **Courtiers :** les courtiets utilisent vos informations de crédit, financières, et d'emploi pour voir si vous êtes admissible à un prêt hypothécaire. Ensuite, ils proposent des produits compatibles à vos capacités d'emprunt. Comme un agent immobilier, un agent de prêt vous aide à trouver la meilleure option à travers un spectre de choix. La blockchain peut être utilisée pour aider les agents de prêts à suivre les documents qu'ils vous donnent et auditer le processus de conformité légale aux lois sur les prêts.
- **Processeurs de prêt :** un processeur de prêt assiste un agent de prêt dans la préparation des informations pour un prêt hypothécaire et dans l'application pour la présentation au souscripteur. Le logiciel qui tire les informations de l'acheteur est en train d'être exploré. Ce n'est pas la technologie blockchain, mais pourrait être disruptive pour cette position.
- **Souscripteur d'hypothèque :** un souscripteur d'hypothèque détermine si vous êtes éligible pour un prêt hypothécaire. Il approuve ou rejette votre demande de prêt hypothécaire basé sur vos historiques de crédit, d'emplois, d'actifs, et de dettes. Des organisations exploitent l'automatisation de ce procédé en utilisant l'intelligence artificielle. Cependant, ça n'est pas la technologie blockchain.

Chacun de ces agents joue un rôle essentiel pour protéger l'acheteur, le vendeur, et le fournisseur de prêts hypothécaires. Dans la plupart des industries, le coût de l'activité commerciale diminue au fil du temps, les améliorations apportées par la concurrence et l'innovation contribuent à réduire les coûts. L'industrie du prêt hypothécaire est attrayante en tant que candidat à l'innovation blockchain, car le contraire s'est produit : le coût des affaires a augmenté. L'hypothèque type aux États-Unis compte plus de 500 pages et coûte 7 500 $ à créer. C'est trois fois ce qu'elle coûtait il y a dix ans. La technologie blockchain peut répondre aux besoins de protection de l'acheteur, du vendeur et du fournisseur d'hypothèques, tout en réduisant le coût pour le faire.

Les consommateurs et Fannie Mae

L'Association Fédérale d'Hypothèques Nationales (connue sous le nom de Fannie Mae) est à la fois une entreprise parrainée par le gouvernement et une société cotée en Bourse. C'est actuellement la principale source de financement pour les prêteurs hypothécaires et elle a dominé le marché postrécession à mesure que l'argent privé partait.

Depuis la récession, 95 % de tous les prêts immobiliers réalisés aux États-Unis sont passés par Fannie Mae. Il s'agit d'environ 5 trilliards de dollars en actifs hypothécaires. À quelques exceptions près, les prêts qui ne se font pas par Fannie Mae ou son proche cousin, Freddie Mac, sont des prêts *jumbo* (généralement plus de 417 000 $ chacun). Ces prêts sont toujours financés par des fonds privés.

Fannie Mae dispose d'un programme automatisé utilisé par les créanciers de prêts pour qualifier un emprunteur. Cela l'aide à naviguer dans les lignes directrices pour un prêt conventionnel. Les prêteurs exécutent votre demande de prêt *via* le système informatique de Fannie Mae, et il répond soit par l'approbation ou par le refus de votre prêt. Les plateformes en ligne utilisent ce nouveau logiciel pour atteindre les consommateurs, ce qui leur permet de contourner les emplacements traditionnels de vente au détail. Fannie Mae et Freddie Mac explorent la technologie blockchain pour rationaliser encore davantage ce processus et atteindre directement les clients.

Hypothèques dans le monde de la blockchain

Un prêt hypothécaire dans un monde blockchain ne semblera pas beaucoup plus différent qu'une hypothèque dans le monde traditionnel. La partie que vous remarquerez, c'est que les hypothèques blockchain seront moins coûteuses à la fermeture.

Étant donné que la plupart des gens n'achètent que quelques maisons au cours de leur vie, la différence peut ne pas sembler être une grosse affaire. Mais l'argent s'accumule. La technologie blockchain pourrait réduire le coût d'origine d'un prêt hypothécaire aux niveaux antérieurs à 2007.

Réduire vos coûts de création

Les coûts de création hypothécaire ont augmenté, et la raison en est simple : les banques craignent les amendes qui peuvent arriver si elles ratent n'importe quelle partie du processus hypothécaire. Ainsi, l'industrie a mis en place des mesures pour s'assurer qu'elles répondent à toutes les exigences au moment de la création, et même des années plus tard, lorsqu'elles sont vérifiées. Les grandes banques ont dû payer des milliards du fait de la mauvaise manipulation des documents. Elles ont maintenant besoin non seulement d'avoir tous les documents essentiels, mais aussi de prouver qu'elles ont suivi la bonne procédure et vous ont envoyé tous les documents nécessaires.

Les produits basés sur la blockchain réduisent la redondance que les banques ont commencé à incorporer dans leur processus après la récession. Les frais de tenue de dossiers et de vérification ont grimpé en flèche depuis l'introduction de la loi sur la réforme et la protection des consommateurs de Dodd-Frank, et la technologie blockchain pourrait réduire ce coût.

Les entreprises souhaitant répondre aux besoins des banques avec une solution blockchain devraient laisser les banques prouver qu'elles suivaient les lignes directrices énoncées dans Dodd-Frank. Cela aiderait également les banques à expliquer pourquoi elles ont pris certaines décisions sur les prêts, et à les aider à localiser les documents utilisés lors de la création, même si elles ne les possèdent pas.

Les applications blockchain pourraient faire économiser près de 4 000 $ en moyenne pour l'achat d'une maison. L'industrie hypothécaire ressemble beaucoup à l'industrie des prêts automobiles et à l'industrie des cartes de crédit. Des applications similaires pourraient réduire les coûts d'administration de ces industries en raison des lois de protection des consommateurs, tout en permettant aux entreprises de répondre à ces exigences.

Trouver votre dernier document connu

L'un des facteurs de coût les plus importants dans le processus d'origine des prêts hypothécaires arrive souvent quelques années après l'établissement du prêt. Parfois, ceux qui facilitent le processus de prêt ajoutent des documents inutiles dans les fichiers clients, ou les anciens fichiers qui ne sont pas utilisés pour créer un prêt sont laissés dans le dossier. Aussi, des doublons d'enregistrements peuvent se produire. Quand vient le temps d'auditer le fichier, il y a trop d'informations à filtrer. Les banques paient de l'argent à des entreprises extérieures pour vérifier leurs dossiers et essayer de déterminer quels documents ont été utilisés dans la dissection finale de votre prêt.

Le logiciel blockchain peut résoudre ce problème de manière élégante. Les blockchains sont des systèmes de gestion des enregistrements distribués qui permettent à plusieurs parties de collaborer sur les données au fil du temps sans perdre la trace de ce à quoi ces données ressemblaient à un point donné en cours de route. Cela signifie que la moitié des organisations personnelles qui collaborent pour vous aider à acheter votre maison peuvent maintenant interagir sur la même chaîne.

Une chaîne dans ce cas d'utilisation commencerait avec vous. Votre chaîne aurait ensuite des sous-chaînes ajoutées au fil du temps, comme l'achat d'une maison. Vous pourriez par la suite autoriser d'autres personnes ou entités, telles que les banques, les employeurs, les agences de crédit, les sociétés d'évaluation, *etc.*, à écrire dans la chaîne. Ils ajouteraient chacun leurs données à votre chaîne, et les autres parties autorisées pourraient lire ces données et ajouter les leurs.

Les blockchains modifieraient le besoin de dépôts centraux pour les fichiers. Elles automatiseraient une partie du traitement de la paperasserie, et donneraient toujours un historique clair de votre prêt, ce qui réduirait la nécessité d'auditer et de préparer des documents à vérifier.

C'est une grande idée, mais cela nécessite que l'ensemble de l'écosystème collabore. Chaque branche qui le ferait renforcerait le système et augmenterait la valeur, à l'instar de chaque personne qui possédait un fax.

Prévisions des tendances régionales

La blockchain a mené une bataille difficile pour devenir une solution logicielle traditionnelle. On est souvent confronté à la peur parce que beaucoup de gens ne comprennent pas comment cela fonctionne ou quelles sont les implications réelles pour sa mise en œuvre généralisée. En outre, bon nombre des premiers défenseurs, comme les premiers utilisateurs de toute nouvelle technologie, ont été considérés comme des doux dingues. La blockchain se retrouve dans le mauvais sillage de bitcoin et de choses illicites et illégales réalisées avec la technologie.

Cependant, 2016 a été un moment décisif pour l'industrie. Il est clairement apparu que la blockchain serait perturbatrice et que ceux qui voulaient être sur le côté positif de cette équation devaient créer une stratégie blockchain.

Chaque banque majeure a commencé des programmes pour enquêter et expérimenter avec la blockchain ou ont rejoint un consortium. Beaucoup se sont d'abord déplacés vers le règlement interbancaire et les transferts transfrontaliers, qui sont des applications relativement directes pour les blockchains. Les prochaines grandes évolutions seront les systèmes et les données qui sont sécurisés par décentralisation.

Dans les sections suivantes, je couvre les tendances de la technologie blockchain aux États-Unis, en Europe, en Chine et en Afrique.

États-Unis et Europe : congestion de l'infrastructure

Les États-Unis et les pays européens peuvent prendre plus de temps que d'autres pays pour mettre en place la technologie blockchain. Bien que les entreprises de ces pays dépensent des milliards de dollars pour la maintenance de l'infrastructure, c'est justement cette maintenance qui pose problème. Il existe déjà des solutions aux problèmes que les blockchains veulent résoudre. Il ne s'agit pas seulement de dire que les blockchains pourraient être une solution meilleure, la solution doit être dix fois supérieure à celle d'un système existant ou être capable d'être mise en œuvre par intégration.

L'un des principaux défis auxquels les États-Unis sont confrontés est la décentralisation dans la répartition du pouvoir et de la prise de décision. Chaque comté et chaque État viendra avec ses propres règles sur la façon de mettre en œuvre ou d'utiliser la technologie blockchain. Ce processus a déjà commencé.

Les blockchains peuvent déclencher des lois et des règlements sur les émetteurs d'argent. Aux États-Unis, il est plus clair au niveau fédéral quels types d'entreprises sont considérés comme émettrices d'argent. Étant donné que toutes les blockchains publiques essentielles utilisent actuellement un token de crypto-monnaie pour piloter la sécurité, le problème est masqué, ce qui a donné lieu à des blockchains privées et autorisées qui fonctionnent sans tokens.

Les conditions d'obtention d'un permis d'état sont ambiguës pour les entreprises utilisant la technologie blockchain pour des applications autres que des paiements. Les réglementations et les lois seront promulguées pour protéger les consommateurs. L'Europe a déjà des lois sur le droit à l'oubli. Le respect de ces règles pourrait être délicat lorsque les données entrées dans les blockchains sont éternelles et ne peuvent être supprimées par personne, même si elles le souhaitaient.

Être engagé dans la transmission d'argent dans de nombreux États américains est un crime. Les conséquences difficiles du dépassement de la loi par l'innovation contraignent les sociétés de blockchain à consacrer beaucoup plus d'argent et de temps à la conformité, d'un montant moyen de 2 à 5 millions de dollars par année par entreprise. Les frais juridiques sont de lourdes charges pour ces start-up technologiques.

La législation de chaque État appliquée à l'industrie de la blockchain n'est pas encore claire. New York et Vermont ont commencé à intégrer cette technologie dans la loi. New York a augmenté le coût pour être en conformité et a conduit l'innovation à se déplacer vers des endroits plus amicaux. Le Vermont, d'autre part, a adopté une loi qui rend les documents blockchains recevables devant les tribunaux.

Le Luxembourg a créé un cadre juridique pour les établissements de paiement électroniques en 2011 et s'est intéressé tôt au concept d'argent électronique. Le Luxembourg et le Royaume-Uni sont devenus le siège de nombreuses entreprises blockchain parce que l'environnement réglementaire leur est favorable. Pour moins de 1 million de dollars, les entreprises blockchain peuvent obtenir une licence d'instrument de paiement dans l'Union européenne. Cette licence accorde aux entreprises l'accès à 28 pays de l'UE. Cette approche a permis à l'UE de progresser au-delà des États-Unis dans l'innovation fintech.

Chine : le pays au premier plan

La Chine s'est rendu compte que les citoyens utilisaient l'argent électronique pour détourner de la valeur non détectée hors du pays et générer de nouvelles richesses dans un système moins captif. Pour cette raison, la Chine a révisé à plusieurs reprises ses réglementations sur les crypto-monnaies, ce qui a eu un impact significatif sur le prix du marché des bitcoins.

Les industries à l'intérieur de la Chine cherchent dans ces blockchains un moyen pour résoudre plusieurs des mêmes problèmes rencontrés dans d'autres parties du monde. Ils ont rapidement utilisé les blockchains pour compléter ce qu'ils faisaient déjà, ajoutant des couches de certitude à des choses comme l'Internet of Things (IoT) et la notarisation. Alors que les pays occidentaux disposent d'une structure de pouvoir plus répartie et décentralisée, la Chine a une structure plus centrale. Cela permet à la Chine de se déplacer rapidement pour réguler et innover.

China Ledger, une coalition blockchain avec le soutien de l'Assemblée nationale chinoise, l'organe directeur de la Chine, est un bon exemple de l'action rapide des organismes de réglementation et de l'industrie. China Ledger a attiré Anthony Di Iorio et Vitalik Buterin, deux fondateurs d'Ethereum. Il a également le soutien du développeur de base de Bitcoin, Jeff Garzik, et du manager d'innovation d'UBS, Alex Baltin.

Le monde en développement : les barrages routiers pour la blockchain

L'avenir est ici, il n'est juste pas distribué. Cela est particulièrement vrai dans les pays en développement, qui ont souvent un besoin de technologie plus grand, mais ne disposent pas encore des mêmes ressources ou du bon environnement politique pour permettre à ces innovations de prendre racine. Certains petits pays tentent des mesures protectionnistes qui bloquent l'importation de marchandises qui pourraient être faites à l'intérieur de leurs frontières ; d'autres pays se méfient de la qualité et de la bienveillance des produits et des services qui proviennent également de sources extérieures. Plus compliqué encore, certains systèmes politiques bénéficient trop des inefficiences et des ambiguïtés que leur système juridique a en place pour changer.

Hernando de Soto Polar est un économiste et auteur péruvien qui a largement parlé d'une économie informelle et de l'importance des droits d'entreprise et de propriété. L'un des problèmes principaux qui empêchent le monde en voie de développement de prendre leur envol est le *capital mort*. La propriété détenue de façon informelle et non légalement reconnue ou les systèmes en place ne sont pas fiables. Pour les propriétaires de cette terre, il est difficile voire impossible de financer et de vendre. L'incertitude diminue également la valeur des actifs. Le monde occidental a pu emprunter contre des actifs et les vendre relativement librement. Cela a conduit à l'innovation et la prospérité économique.

La technologie qui est activée par les blockchains pourrait changer cette réalité très rapidement pour les pays en développement. Des registres de propriété clairs pour les terres signifieraient qu'elles seraient vendables et pourraient être financées. Cela rendrait la propriété en bord de mer de la Colombie très attractive. Les paiements irréversibles et l'identité véritablement connue ouvriront le crédit et le commerce de nouvelles façons.

Beaucoup de start-up et de pirates informatiques se sont réunis pour essayer de faire de cette vision future une réalité. Des acteurs mondiaux encore plus importants comme la Banque mondiale ont eu des rencontres répétées sur la blockchain et son impact dans le monde en développement. Le bitcoin et la blockchain font des incursions en Afrique où les devises et les infrastructures locales sont profondément négligées. BitPesa, une plateforme de paiement et de négociation desservant de nombreux pays en Afrique, a commencé à se développer au Royaume-Uni et en Europe. Il a également commencé à élargir ses services à des tâches comme le traitement du salaire.

Malgré ces obstacles que ces pays en développement ont face au développement et à l'innovation, ils ont également des avantages que les pays occidentaux ne surmonteront jamais. Le manque d'infrastructures existantes dans les pays en développement leur permet de dépasser plus facilement les pays occidentaux. Cela a été évident dans la prolifération des téléphones cellulaires dans les pays en développement. Les pays en développement n'ont pas non plus les mêmes organismes de réglementation et de protection des consommateurs. Cela est particulièrement intéressant pour les start-up blockchain qui tombent dans la zone grise dans les pays occidentaux. Les pays en développement ont souvent moins de décideurs, ce qui rend plus facile de rencontrer des personnes qui ont le pouvoir de faire bouger les choses.

Chapitre 14
L'assurance

DANS CE CHAPITRE :

- **Créer de nouveaux commerces**
- **Adapter des assurances individuelles**
- **Créer de nouveaux marchés d'assurance**
- **Réduire les coûts de façon inattendue**

La technologie d'assurance blockchain est amenée à changer la façon dont les individus et les entreprises achètent et obtiennent une couverture d'assurance, et cela arrive plus vite qu'on ne le pense ! Vous devez comprendre les implications de ces nouvelles technologies qui arrivent à l'horizon.

Dans ce chapitre, j'explique comment ces nouvelles technologies fonctionnent et leurs principales limites. Je vous montre comment les périphériques de l'Internet des Objets (IoT) collaboreront avec les fournisseurs d'assurances. Je décris également comment l'auto-exécution des contrats blockchain façonnera les politiques et les structures de l'entreprise.

Ce chapitre vous prépare à des changements fondamentaux dans la technologie qui peut déplacer le fardeau de la *preuve*. Après avoir lu ce chapitre, vous serez en mesure de prendre plus de décisions éclairées sur la couverture d'assurance basée sur la blockchain et les paiements associés. Vous comprendrez comment le coût de la couverture d'assurance vous affectera, ainsi que les différents types de couvertures qui deviendront disponibles pour vous dans le futur.

Une couverture sur mesure

Les périphériques IoT, les données immuables, les organisations autonomes décentralisées (DAO), et les contrats intelligents changent tous le développement des produits d'assurance pour les consommateurs. La convergence de toutes ces technologies est rendue possible en raison du développement des blockchains.

Les blockchains font très bien quelques petites choses, ce qui permettra deux changements majeurs dans la façon dont les produits d'assurance seront achetés et vendus à l'avenir : les personnes pourront bénéficier d'une plus grande couverture sur mesure, et de nouveaux marchés s'ouvriront, ce qui n'était pas possible avant en raison des coûts.

Assurer l'individu

Les assurances pensées et crées pour l'individu permettront un changement significatif des priorités. La gestion d'actifs sera moins délicate, et les assureurs seront en mesure de se concentrer sur le calcul du risque, et de faire coïncider l'offre et de la demande.

Vous pourrez créer une place de marché qui assure les clients. Il y a plusieurs façons d'organiser ce nouveau marché. Une possibilité serait une place de marché à la demande où les utilisateurs posteraient leurs demandes, soit standardisées par des contrats intelligents personnalisés, ou par des contrats Chaincode. Si vous ne connaissez par encore ces types de nouveaux contrats numériques en auto-exécution, consultez le Chapitre 5 sur Ethereum et le Chapitre 9 sur Hyperledger.

Avec ce type de modèle, vous, en tant qu'assureur, pourrez calculer la prime pour la demande spécifique, sur la base des données historiques et d'autres facteurs de calcul des risques dans votre modèle de risque. Si le client est satisfait de l'offre, il peut alors soumissionner ou s'abonner, selon le modèle de la demande utilisé.

Ce nouveau type d'assurance pourrait être adopté par une assurance pair-à-pair (P2P) ou de crowdfunding ou une société d'assurance traditionnelle ayant adoptée la technologie. De toute façon, les deux sont créés dans un grand registre décentralisé de crypto-monnaie avec l'utilisation des contrats intelligents/Chaincode, qui garantissent le paiement du client à l'investisseur et *vice versa* en cas d'incident. La technologie blockchain est ici la clé, car elle permet un certain nombre de choses qui n'étaient pas réalisables ou sécurisées il y a encore quelques années.

Les technologies blockchain créent des transferts de valeurs pratiquement sans friction, ce qui signifie que des micropaiements sont rendus possibles grâce à des frais de transactions très bas. Vous pouvez maintenant ouvrir de nouveaux marchés qui n'avaient pas de système monétaire fonctionnel ou de système juridique, ou encore d'instances où le coût des transactions et des litiges l'emportait sur les avantages d'offrir une couverture.

Vous pouvez utiliser les DAO, avec des contrats intelligents, pour gérer de grands groupes pour un coût plus bas et un temps réduit. Vous pouvez utiliser ce modèle pour intégrer et administrer votre nouvelle entreprise, et peut-être même crowdfunder des plateformes d'assurance.

La nature d'auto-exécution des contrats intelligents pourrait également éliminer une grande partie des coûts de l'ajustement des réclamations et des tiers qui aident dans le traitement et la collecte des fonds.

La légalité de tout cela est encore en questionnement. Déterminer les problèmes de la vie privée et les droits des consommateurs est complexe. Le pays a également ses propres réglementations et modalités d'application. Toutefois, lorsque ces règlements sont respectés, l'industrie de l'assurance et l'expérience du consommateur avec l'assurance se déplaceront considérablement.

Le nouveau monde de la micro-assurance

La *micro-assurance* est une assurance pour protéger les personnes à faible revenu contre le risque, tel que les accidents, la maladie, et les catastrophes naturelles. Cela devient plus facile grâce à la technologie blockchain.

Lorsque vous pensez à la micro-assurance, faites attention à deux catégories (qui peuvent aller de pair) :

- » L'assurance destinée aux ménages à faible revenu, aux agriculteurs et à d'autres entités pour lesquelles l'assurance est conçue autour de besoins spécifiques – généralement, une assurance à faible durée et indexée.
- » L'assurance qui traite des produits ou services de faible valeur.

Le plus gros problème avec ces types de contrats au sein des modèles d'assurance traditionnels est leur coût de traitement disproportionné et qu'ils ne sont pas attrayants pour desservir ces marchés.

L'attribut de coût réduit des blockchains leur permet de déplacer de la valeur à un coût extrêmement faible, presque instantanément partout dans le monde, sans frais de retour, ouvrant la possibilité de servir plus de personnes et à des coûts plus bas.

Le principal avantage de la technologie blockchain vient du fait que la création de contrats intelligents permet des transactions sécurisées sans intermédiaire, donc l'assurance à un coût bien plus bas.

Le principe de micro-assurance blockchain est simple et se compose de quatre étapes :

1. La proposition d'un accord de prêt et d'assurance.

   Une personne peut offrir de prêter son bien à travers son fournisseur d'assurance, si cette propriété est enregistrée numériquement. L'offre peut être transmise à l'utilisateur potentiel, soit à partir des canaux de la société d'assurance ou *via* une plateforme publique telle que Facebook.

2. La révision de l'accord.

   L'emprunteur peut alors réviser la proposition qu'il a reçue et l'accepter ou la refuser. L'offre est conservée dans les enregistrements publics, et si l'emprunteur accepte la proposition, il peut alors acheter l'assurance à partir d'un standard de paiement classique, et le processus passe à l'étape suivante.

3. La signature et l'acte notarié de l'accord.

   Si les deux parties sont d'accord, l'assurance est payée et l'emprunteur reçoit le bien en question, l'accord est numériquement signé et notarié dans une blockchain. Cela le rend virtuellement inviolable. Toutes les informations de la transaction sont stockées de manière sécurisée avec une piste d'audit clair en cas de besoin.

4. Les tokens de confirmation.

   Chaque partie reçoit un token numérisé qui sert de preuve d'identité pour l'accord en question. Ces tokens sont alors utilisés pour confirmer par cryptologie que les deux parties ont signé un accord.

En plus de cette facilité d'utilisation, les contrats intelligents permettent l'assurance sur une base indexée, ce qui est très utile pour l'assurance agricole et d'autres domaines où les valeurs dépendent beaucoup de facteurs dynamiques qui peuvent être documentés avec précision par un tiers de confiance. Dans ce cas particulier, les agriculteurs assurés peuvent recevoir des paiements automatisés lorsque des conditions météorologiques particulières, telles que la sécheresse, sont rapportées par vérification des bases de données météorologiques, ce qui réduit encore le coût des services potentiels.

Témoigner pour vous : l'Internet des objets

Les blockchains permettent la création d'un nouveau type d'identité pour les personnes et les biens. Il repose sur un modèle traditionnel où une autorité délivre un certificat. Pour les personnes, ce certificat serait un document tel qu'un certificat de naissance ou un permis de conduire. Mais les « objets » ont des certificats similaires qui aident les consommateurs à valider la qualité et l'authenticité.

Ces types de certificats ont été éliminés pendant des années. De plus en plus de sécurité sophistiquée est entrée dans leur création, mais cela en augmente le coût. Les blockchains permettent l'enregistrement de ces certificats traditionnels dans un historique inaltérable que tout le monde peut consulter et utiliser comme référence. Une caractéristique supplémentaire est la capacité de mettre à jour ces enregistrements en tant que nouveaux événements quand ils se produisent.

Les objets connectés de l'IoT peuvent désormais enregistrer toutes sortes de données de façon autonome et mettre à jour leur état actuel. Maintenant que les dispositifs IoT peuvent parler d'eux-mêmes, et que leurs historiques et identités sont publiés et partagés avec des tiers, l'assurance sera une des nombreuses industries affectées

Les projets IoT dans l'assurance

L'IoT aura probablement un impact significatif dans trois domaines de votre vie : la voiture connectée, la maison connectée, et l'individu connecté.

L'IoT est, à la base, une technologie de rupture et, en tant que telle, cela va changer la forme d'un large éventail d'industries, telles que l'automobile avec les fabricants d'équipements d'origine (OEM), la sécurité à domicile, et les fournisseurs câbles et mobiles. C'est dans ce mix que se trouvent les compagnies d'assurance, en particulier celles qui travaillent avec les polices de propriétés et de sinistres.

Les données recueillies par les capteurs dans les nouveaux appareils et dispositifs, aux côtés de l'automatisation et les options de contrôle supplémentaires, conduiront à de nouvelles possibilités lorsqu'il s'agit de nouvelles entreprises émergentes dans le secteur de l'assurance. Combiné avec le registre décentralisé de la blockchain et les contrats intelligents, le processus pourrait être automatisé à un niveau qui aurait été impossible auparavant.

Le nouveau style de vie, toujours connecté, qui vient avec un tel changement radical dans la technologie, supprime certains des risques existants, mais cela en introduit de nouveaux, le plus important restant celui de la sécurité de l'information. Tout cela signifie que les facteurs de risque devront être recalculés. Par exemple, les voitures autonomes auront réduit le risque d'accident en raison de l'absence d'erreur humaine, mais la fiabilité de la technologie sera remise en question jusqu'à ce que nous ayons suffisamment de données d'application dans le monde réel.

Les implications des big data aux enchères

Le big data a pu s'affirmer depuis 2000, et c'est aujourd'hui une industrie de 200 milliards de dollars et d'une importance particulière dans le secteur financier. Cependant, le big data amène aussi un certain nombre de problèmes qui ne font que grossir de par son omniprésence dans le monde de tous les jours :

- **Contrôle :** si vous avez une grosse entreprise multinationale ou un consortium, le problème du partage des données devient important. Le contrôle de version est imparfait, et cela peut parfois être très compliqué de dire quelle version est la dernière, et la copie la plus à jour.
- **Fiabilité des données :** comment peut-on prouver si vous êtes bien le créateur de telles données, ou si c'est quelqu'un d'autre ? Qu'en est-il des données corrompues ?
- **Monétarisation et transfert de données :** comment pouvez-vous transférer, acheter, ou vendre des droits sur n'importe quelle donnée, et s'assurer qu'il s'agit de la seule copie existante ?
- **Modification de données :** comment s'assurer que les données n'ont pas été changées quand cela ne devait pas arriver ?

Tous ces problèmes peuvent être résolus à l'aide de la blockchain et des crypto-monnaies. Le grand défi que l'écosystème est en train de relever consiste en la mise à l'échelle de la technologie blockchain pour répondre aux demandes de baisse des coûts et de stockage des données des entreprises.

Sortir les tiers de confiance de l'assurance

L'un des plus grands avantages que la technologie blockchain introduit dans le monde de la finance moderne repose sur les contrats intelligents qui permettent des transactions commerciales sans l'implication d'un tiers, comme les banques ou les intermédiaires.

Dit simplement, un *contrat intelligent* est un protocole qui permet à deux parties d'enregistrer leur transaction dans une blockchain. Ces contrats peuvent être utilisés pour pratiquement n'importe quoi, de l'échange de biens physiques (qui ont des signatures numériques) à l'échange d'informations ou d'argent.

La principale caractéristique de sécurité est que, contrairement à la base de données financières ordinaire, l'information est distribuée et vérifiée par tous les ordinateurs du réseau, la rendant décentralisée. Les données sont uniques et ne peuvent pas être copies ; la piste de l'audit est immuable.

La sécurité décentralisée

Il y a au cœur des business modèles actuels quelque chose qui pourrait être appelé « *le paradigme de confiance centralisée* », dans lequel les intermédiaires tels que les banquiers, les courtiers, et les avocats coordonnent et assurent la véracité des transactions financières et les échanges des biens.

La centralisation a certains risques de sécurité inhérents, tels que la corruption de données et le vol. Les blockchains permettent de les combattre en créant un système décentralisé basé sur la méfiance réciproque de tous les participants qui se contrôlent mutuellement.

Afin de créer un tel système, vous créez un registre distribué qui utilise une crypto-monnaie (comme Bitcoin, Ethereum ou Factom), où chaque participant est à la fois utilisateur du système et responsable de son entretien dans la durée.

La couverture par le financement participatif

Semblable à des initiatives standard de crowdfunding, l'idée est de mettre en commun les ressources de nombreuses entités ou personnes afin de couvrir un imprévu dans un régime d'assurance. Par exemple, un régime d'assurance-retraite pourrait s'activer seulement à l'âge de 65 ans, mais une personne pourrait être forcée de prendre une retraite anticipée à cause de circonstances imprévues, et des fonds supplémentaires seraient nécessaires par le malheureux individu.

La disparité économique a augmenté au fil des années, et de nombreux sous-assurés ou les personnes non assurées pourraient bénéficier d'un tel système. Le crowdfunding peut potentiellement fournir des avantages aux trois parties concernées :

- **Les assureurs** gagnent une augmentation de revenus parce que plus de personnes sont intéressées par leurs plans. Ils gagnent l'accès à une portion plus importante de la population non assurée. En complément, la compagnie qui assure peut améliorer ainsi son capital de marque, et pourrait être ainsi perçue comme une entreprise qui se préoccupe de cette population.
- **Les donateurs** peuvent bénéficier d'exemptions de taxes, si la structure de la campagne le permet, ou pourraient alors aussi obtenir d'autres avantages, tels qu'un rabais ou un service gratuit.
- **Les demandeurs** (ceux qui cherchent une police d'assurance) à l'évidence gagnent le plus, car ils peuvent obtenir une meilleure protection et une couverture plus abordable.

Cognizant a proposé des idées intéressantes sur le sujet de l'assurance crowdfunding dans son livre blanc. Vous pouvez le trouver sur https://goo.gl/u3Kd3U.

Les conséquences de l'assurance DAO

Les DAO sont des entités corporatives qui n'ont pas d'employés à temps plein, mais sont en mesure d'effectuer toutes les fonctions qu'une société standard. La possibilité de créer une telle entité découle directement de l'amélioration des algorithmes de la blockchain qui a eu lieu ces dernières années et a créé ce qui est communément connu sous le nom blockchain 2.0.

Une DAO est, par essence, une forme de contrat intelligent avancé. La DAO est capable de traiter une DAO comme une société au sein de laquelle ses utilisateurs individuels de la police d'assurance sont actionnaires, alors que la société elle-même n'est jamais sous le contrôle direct d'un groupe ou d'un individu en particulier.

De la même manière, une DAO n'est jamais sous le contrôle des développeurs, et ils ne délivrent pas ou ne refusent pas de polices d'assurance. C'est un modèle d'assurance strictement en pair-à-pair. Bien que les vulnérabilités de la vérification des identités existent toujours, ce système sera amélioré, et en réalité, on retrouve les mêmes problèmes dans le système d'assurances centralisé.

Chapitre 15

Le gouvernement

DANS CE CHAPITRE :

- » **Lire des documents de la blockchain**
- » **Bâtir des villes intelligentes**
- » **Créer une identité inviolable**

Dans ce chapitre, je vous présente les innovations intéressantes qui ont lieu dans les gouvernements et les entreprises qui les soutiennent avec des projets innovants de blockchain.

Le commerce est impacté quotidiennement par des escroqueries et des fraudes, et ce chapitre explique comment les gouvernements luttent contre la cybercriminalité et le vol d'identité. Vous trouvez aussi des initiatives de villes *intelligentes*, qui seront essentielles à la croissance économique durable ; nombreuses sont celles qui utilisent la technologie blockchain pour combler des lacunes technologiques.

Les villes intelligentes d'Asie

Les villes intelligentes profitent de la technologie moderne pour améliorer les infrastructures et la sécurité, et des choses telles que le trafic et la qualité de l'air. Le business de la transformation en ville intelligente est en plein essor, et la plupart des plus grandes municipalités ont adopté le concept de la ville intelligente.

La blockchain est particulièrement utile lorsqu'elle est intégrée à l'Internet des objets (IoT) qui est utilisé par les villes intelligentes. Plusieurs projets intéressants sont maintenant mis à l'essai pour un déploiement commercial. Le département américain de la Sécurité intérieure explore des dispositifs de sécurisation de l'IoT utilisés par les douanes et la protection des frontières (CBP). Des entreprises comme Slock.it permettent d'utiliser les objets connectés pour favoriser la blockchain afin d'enclencher des contrats intelligents ; son premier produit était un verrou intelligent activé par la blockchain, qui pourrait être utilisé par des clients d'Airbnb. L'intégration de ces technologies permet à des outils d'utiliser leurs capteurs pour mettre en place des contrats intelligents. Cette même technologie pourrait être utilisée par les parcomètres de la ville.

La Figure 15.1 montre la page d'accueil du site Internet du projet de Smart Nation de Singapour. Singapour a courtisé des start-up du monde entier pour développer de nouvelles technologies dans son « bac à sable réglementaire ». C'est une invitation de bienvenue aux entreprises de technologie blockchain qui opèrent dans la *zone grise* (où il n'y a pas de cadre réglementaire clair qui soit déjà mis en place), cependant, de nombreux pays comme Singapour prennent des mesures concrètes pour définir l'espace et faire connaître aux entreprises ce qui est permis et ce qui ne l'est pas.

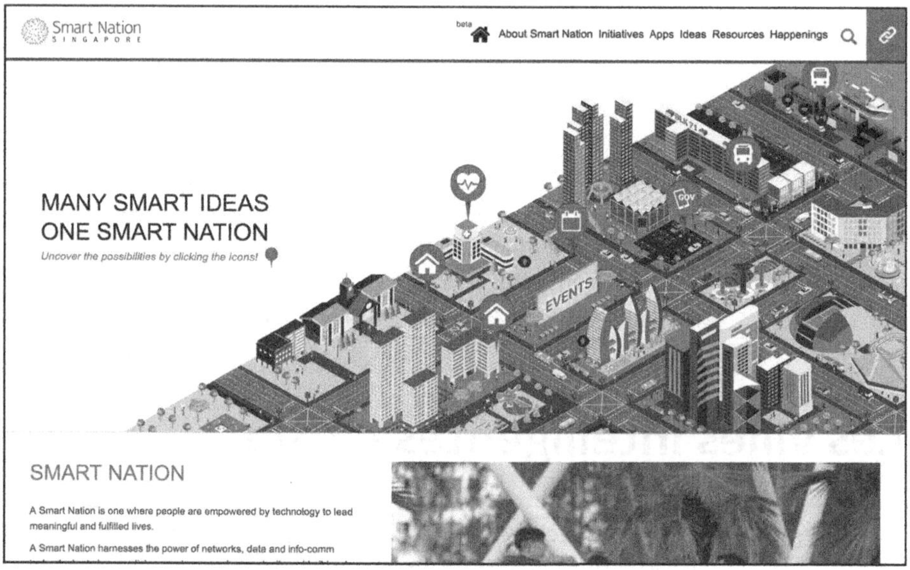

FIGURE 15.1 Le projet Smart Nation de Singapour.

La technologie blockchain pourrait également être utilisée pour partager des informations entre les réseaux dans une ville intelligente, en toute sécurité. De nombreuses villes étudient comment utiliser la blockchain pour réduire les embouteillages. Le projet « Smart Nation » de Singapour espère utiliser les téléphones mobiles de ses citoyens pour mesurer les conditions de leurs trajets en bus, puis analyser les données pour voir comment les trajets pourraient être améliorés. Singapour a été un leader dans le développement de la ville intelligente (Smart City) et a commencé à développer ce concept de villes intelligentes dans d'autres pays.

Dans cette section, je vais vous guider à travers quelques-uns des nombreux efforts autour de la technologie blockchain qui ont lieu en Asie.

Les villes satellites de Singapour en Inde

Le gouvernement indien a lancé sa Mission Smart Cities en 2015, avec l'intention de développer 100 nouvelles villes intelligentes. Un grand nombre de ces développements se situeront dans le Corridor industriel Delhi Mumbai, qui est une extension de 620 miles (1000 km) entre Delhi et Mumbai. L'infrastructure, d'une valeur de 11 milliards de dollars, a déjà été prévue dans 33 villes, et une grande partie du développement sera financée par le biais d'un modèle public-privé. Le projet devrait attirer 90 milliards de dollars en investissements étrangers, qui seront utilisés pour créer des parcs d'affaires, des zones manufacturières et des villes intelligentes ; le tout sera situé le long d'un corridor de fret ferroviaire.

Ces villes intelligentes sont en cours de développement alors que l'économie de l'Inde s'industrialise et que les populations deviennent plus urbaines. L'intervention de l'État sous forme de villes planifiées en mode centralisé est nécessaire afin d'éviter que les villes existantes ne deviennent surpeuplées et invivables. L'Inde est particulièrement vulnérable aux changements climatiques en raison de sa population immense et appauvrie. C'est pourquoi il est important que ces villes soient durables et intelligentes. Ils ont besoin de matériaux pour des logements à faible énergie, de réseaux intelligents, de transport planifié, de systèmes informatiques intégrés, d'une e-gouvernance, et d'une récolte de l'eau innovante.

Singapour est un excellent exemple d'une ville intelligemment planifiée. Malgré la haute densité de la population, elle a une excellente infrastructure et une grande qualité de vie. Beaucoup d'organisations privées de Singapour ont les connaissances et les ressources qui sont nécessaires pour développer les villes intelligentes de l'Inde. En collaboration avec le gouvernement Indien, le secteur privé serait en mesure de fournir les capitaux, les compétences et technologies qui sont nécessaires à des plans aussi importants.

Andhra Pradesh et l'Autorité monétaire de Singapour ont annoncé un partenariat d'innovation de technologie financière (fintech), en se concentrant principalement sur la blockchain et les paiements numériques. Singapour vise à développer une place de marché pour des solutions de fintech en Inde.

Le gouvernement de Singapour a manifesté son intérêt pour un partenariat avec l'Inde pour développer une ville intelligente ainsi qu'une nouvelle capitale pour l'Andhra Pradesh, un État du sud-est. Il met en place des comités pour analyser les possibilités de collaboration au plan de l'Inde pour la construction de 100 villes nouvelles, ainsi que la poursuite du développement de l'infrastructure de 500 villes et municipalités existantes.

Le ministre du Développement urbain de l'Inde a été en pourparlers à la fois avec le Premier ministre actuel et son ancien Premier ministre. Il a eu recours à l'expertise des villes intelligentes de Singapour, en se concentrant particulièrement sur les systèmes de transports intelligents, une meilleure gestion de l'eau et l'e-gouvernance. Le ministre du Développement urbain a également examiné des programmes de logements publics, ainsi que leurs règlements relatifs au logement privé, de même que le financement des infrastructures de transport.

Les autorités indiennes ont également engagé une équipe d'experts de Singapour pour aider au développement d'une ville satellite dans l'Himachal Pradesh. Le projet 49 acres (20 ha) vise à aider à décongestionner Shimla, une ville qui a connu une augmentation massive de sa population ces dernières décennies. Les experts singapouriens fourniront une assistance dans les domaines éducatifs, commerciaux et résidentiels de la ville en développement.

Singapour et la Malaisie ont tous deux manifesté leur intérêt à investir dans une autre ville satellite près de Jathia Devi. Le gouvernement singapourien conduit une étude qui évaluera les différentes options. Le gouvernement de l'État de l'Himachal Pradesh cherche à développer cinq villes satellites à proximité des villes existantes, en utilisant un modèle de financement privé-public.

L'Ascendas-Singbridge de Singapour a lancé son huitième parc technologique en Inde. L'International Tech Park Gurgaon de 59 acres (24 hectares) devrait voir son premier bâtiment achevé au milieu de l'année. Le projet de 400 millions de dollars vise à offrir environ 745 000 mètres carrés d'espace d'affaires pour aider l'Inde à accueillir le secteur IT en plein essor.

Le problème big data de la Chine

La technologie blockchain est largement discutée en Chine comme moyen d'améliorer la fiabilité des big data. Les gens la voient comme un moyen de résoudre le problème de confiance impliqué dans le partage des données entre deux ou plusieurs parties qui n'ont pas d'incitatifs partagés. La technologie blockchain offre de nombreuses nouvelles solutions pour tracer la propriété, l'origine et l'authenticité.

Peernova est une entreprise prometteuse américaine qui aborde des problèmes de big data. Cette société se concentrait au début sur le minage de bitcoins, mais a migré dans l'espace de la blockchain et levé 4 millions auprès de Zhejiang Zhongnan Holdings Groups, une entreprise de construction chinoise. Peernova prévoit d'utiliser la technologie blockchain pour interroger des bases de données et suivre les changements.

Les cas d'utilisation servent à vérifier les modifications apportées à des sous-ensembles de stockage de données et à utiliser de manière plus efficace des audits complets cryptographiques au lieu d'un vérificateur traditionnel pour fournir un point de référence à une entreprise. Elle espère aider les fonds spéculatifs à calculer la dette fiscale de leurs investissements en utilisant la blockchain pour retracer l'historique de l'argent qui a été investi au fil des années.

Dalian Wanda, le plus grand promoteur immobilier en Chine, devient également un acteur dans le jeu de la blockchain. Il a fait équipe avec la société de logiciels de big data Cloudera afin de lancer un projet de blockchain appelé Hercules. Il voit le potentiel d'utiliser la technologie de la blockchain pour faire des prédictions issues de big data actionnables par les gestionnaires lorsqu'elles se produisent, des gestionnaires passant de réactifs à proactifs dans des situations comme des modifications de leurs protocoles, de même que surveiller le comportement des utilisateurs dans leurs systèmes.

Dalian Wanda et Cloudera visent à continuer de développer Hercules et à intégrer leur technologie dans une variété d'industries qui dépendent de l'IT et du big data. Le projet Hercules agira comme une suite open source qui supportera les besoins des entreprises. Il facilitera le déploiement et la gestion des applications blockchain sur des grandes quantités de données clusters pour les organisations.

Vous pourriez trouver étrange de voir une entreprise de minage digital devenir partenaire avec une entreprise traditionnelle de construction pour traiter les questions d'audit des fonds d'investissement, ou de compagnies immobilières travaillant avec la big data pour résoudre les problèmes pour les administrateurs système, mais c'est l'ouest sauvage du monde de la blockchain. La pénurie de talents blockchain et la forte demande des projets et d'investissements blockchain alimentent cet environnement.

La bataille pour la capitale financière du monde

La technologie Blockchain a fait son chemin depuis la prise de conscience publique suite à une pléthore de reportages en 2015. Depuis lors, de nombreuses start-up ont travaillé sur des versions bêta et prélancements depuis lors, avec près de 2 000 nouvelles start-up blockchain se créant du jour au lendemain en 2016. Beaucoup d'entre elles vont finalement entrer sur le marché en 2017 et 2018 à Singapour, à Dubaï et à Londres, où les organismes réglementaires accueillent l'innovation et rivalisent pour être la Mecque financière du monde. Il ne s'agit pas seulement de fintech et de villes intelligentes pour ces leaders. C'est une course à la pertinence dans un monde qui se transforme en citoyens du monde sans frontières et financièrement fluides.

La prévoyance anticipée de Londres

En 2016, le gouvernement central du Royaume-Uni a publié un rapport intitulé *Distributed Ledger Technology: Beyond block chain* (https://goo.gl/asIz6L) qui a affirmé que la technologie du registre distribué (blockchain) pourrait être utilisée pour réduire la corruption, les erreurs et la fraude, et rendre différents processus plus efficaces. Ils ont également déclaré que les blockchains pourraient changer la relation des citoyens avec leur gouvernement en apportant plus de transparence et de confiance. Mais Londres a été très amicale envers la technologie depuis 2014. Beaucoup de start-up se sont créées ou ont travaillé à Londres parce que c'était l'endroit non officiellement le plus sûr pour lancer une affaire. C'était un gros problème à cette époque parce que de nombreux entrepreneurs en crypto-monnaie étaient arrêtés en 2014 et 2015.

Depuis que ce rapport est sorti, les blockchains ont été approuvées pour être utilisées dans des applications gouvernementales au Royaume-Uni, y compris les départements de Whitehall (départements non ministériels tels que le Registre foncier, la Commission forestière et des normes alimentaires), les autorités locales et les gouvernements délégués.

Voici plusieurs projets et expérimentations qui se passent au Royaume-Uni :

» **Distribution de l'aide sociale basée sur la blockchain :** le département du Travail et des Retraites a conclu un partenariat avec Barclays, RWE, GovCoin et l'Université de Londres pour expérimenter l'utilisation de la technologie blockchain pour distribuer l'aide sociale *via* une application mobile. Le test a été conçu pour voir si les paiements pouvaient être envoyés et tracés en utilisant la technologie blockchain.

- **DLT gouvernemental :** Credits, un fournisseur de plateformes blockchain, et le gouvernement du Royaume-Uni collaborent à un cadre qui permet aux agences gouvernementales d'expérimenter la technologie blockchain. (DLT signifie *distributed ledger technology* ou technologie de registre distribué).
- **Paiements internationaux basés sur la blockchain :** la banque Santander a lancé un test pour effectuer des paiements internationaux basés sur la blockchain. Le pilote fait appel à une application qui se connecte à Apple Pay. Les utilisateurs peuvent utiliser leur ID tactile pour transférer des paiements allant de 10 £ à 10 000 £.
- **Utilisation de la technologie blockchain pour négocier l'or :** Royal Mint a fait équipe avec CME Group, un opérateur du marché, pour utiliser la technologie blockchain pour construire un marché de l'or dans l'espoir de rendre la ville de Londres plus attractive pour la vente de l'or. La technologie blockchain est en train d'être adoptée par les deux sociétés qui la considèrent comme un mécanisme digital efficace pour négocier l'or.

Ce sont autant d'expériences destinées à voir si la technologie blockchain est la nouvelle plateforme pour échanger des valeurs. Le succès ou l'échec de ce programme définira le cours futur du Royaume-Uni et du reste du monde.

La sandbox réglementaire de Singapour

Singapour, comme le Royaume-Uni, a fait tout son possible pour y rendre le travail aussi facile, amical et financièrement attrayant que possible. En 2015, les fonctionnaires du gouvernement se sont rendus à San Francisco pour recruter des entrepreneurs pour venir travailler dans ce qu'ils ont appelé une « sandbox réglementaire », un jeu de mots avec la *sandbox de développement*, qui est un environnement sécurisé où les développeurs peuvent créer un logiciel. Singapour avait la même idée à l'esprit pour la construction de sociétés de logiciels.

À cette époque, les sociétés blockchain aux États-Unis et de nombreux autres endroits étaient encore dans la zone grise. L'idée d'un endroit sûr pour opérer et investir de l'argent était très intéressante pour de nombreux entrepreneurs, moi inclus. Si vous n'avez jamais été à Singapour, vous devriez y aller... C'est beau, propre et sûr.

Singapour prend des mesures pour explorer la technologie, et ça porte ses fruits. Une banque de Singapour, OCBC, a utilisé la technologie blockchain pour les transferts transfrontaliers. Elle a envoyé de l'argent à ses filiales, OCBC Malaisie et la Banque de Singapour.

R3 a également été active à Singapour. Elle a ouvert un laboratoire pour la recherche et le développement de technologies du registre numérique aux côtés de l'Autorité monétaire de Singapour. R3 travaille sur un échange pour soutenir les paiements interbancaires. Les banques déposeront des espèces et se verront remettre une monnaie numérique.

La banque centrale de Singapour a également lancé un projet pilote, avec huit banques étrangères et locales et la Bourse. Ce projet de preuve de concept (*proof-of-concept*) vise à utiliser la technologie blockchain pour ses paiements interbancaires. Le projet pilote vise également à examiner les transactions transfrontalières en devises étrangères.

Ce ne sont pas seulement des sociétés de blockchains qui vont expérimenter à Singapour. Tous les joueurs les plus importants ont participé : Bank of America, Merrill Lynch, IBM, Credit Suisse, The Bank of Tokyo-Mitsubishi UFJ Ltd, DBS Bank Ltd, JP Morgan, Hong Kong et Shanghai Banking Corp Ltd, OCBC Bank, United Overseas Bank et la Bourse de Singapour.

Chaque banque dans le monde doit savoir avec qui elle fait affaire. L'idée de connaître votre client (KYC) aide à lutter contre le blanchiment d'argent et le financement touristique.

La prochaine phase déterminera les transactions en devises étrangères et s'appuiera sur les efforts de KYC de Singapour. Cela pourrait amener le pays à forger la voie d'une identité basée sur la blockchain. Singapour dispose déjà d'un système d'identité numérique robuste et moderne qui pourrait facilement être connecté à une blockchain.

L'initiative 2020 de Dubaï

Le gouvernement de Dubaï a un plan ambitieux pour transférer tous les documents et systèmes du gouvernement sur la blockchain d'ici 2020. Le projet de passer au sans papier fait partie de son initiative de devenir un leader mondial dans la technologie blockchain et de renforcer l'efficacité dans tous les secteurs.

Le ministre des Affaires et du Futur a précisé comment le nouveau système permettra aux utilisateurs de mettre à jour et de vérifier leurs références *via* la blockchain. Ils n'auront qu'à se connecter avec leurs certifications une seule fois pour avoir accès aux entités gouvernementales et privées, comme les compagnies d'assurance et les banques. Il prévoit également de partager cette technologie avec d'autres pays pour permettre des passages frontaliers plus simples. Au lieu des passeports, les voyageurs pourraient utiliser des portefeuilles numériques préauthentifiés, ainsi que des identifiants préapprouvés.

Le gouvernement de Dubaï a estimé que son initiative de blockchain a le potentiel d'économiser 25,1 millions d'heures de productivité. Cette augmentation de l'efficacité contribuera également à réduire les émissions de carbone.

Le Global Blockchain Council de Dubai (GBC) a annoncé sept nouvelles collaborations publiques-privées, combinant les compétences et les ressources des start-up, des entreprises locales et des ministères. Ils appliqueront la technologie blockchain aux domaines suivants :

» **La santé :** la société de logiciel estonienne Guardtime, collaborera avec l'un des plus grands opérateurs télécom de Dubaï (http://www.du.ae/personal), pour fournir l'expertise technologique pour digitaliser les données de santé et les transférer à la blockchain.

» **Le négoce de diamants :** un projet pilote va utiliser la technologie blockchain pour l'authentification et le transfert de diamants. Le Dubai Multi Commodities Center va digitaliser les certificats Kimberly (documents créés par les Nations-Unies pour restreindre les marchés de diamants frauduleux).

» **Le transfert de titres :** les transferts de titres seront digitalisés et enregistrés sur une blockchain. Une start-up singapourienne connue sous le nom de DXmarkets a développé un POC (*proof-of-concept*).

» **L'enregistrement de sociétés :** le GBC teste l'utilisation de la technologie blockchain pour l'enregistrement des sociétés. Ce qui est différent de l'organisation autonome décentralisée (DAO) d'Ethereum, mais qui pourrait rationaliser la vérification de l'identité *via* le programme de Flexi Desk. Ils en sont à la phase de démo, avec plusieurs entités travaillant sur le POC.

» **Le tourisme :** Dubai Point est un programme pilote qui a été lancé en collaboration avec Loyyal, en utilisant la technologie blockchain pour aider l'industrie du tourisme. Son but est d'inciter à voyager en donnant des points aux voyageurs qui visitent certains lieux. Il utilisera des contrats intelligents pour faciliter les récompenses. La plupart de ces points fonctionnent comme un token crypto et peuvent être échangés.

» **Le transport maritime :** IBM travaille avec le GBC pour utiliser la technologie blockchain pour améliorer le transport maritime et la logistique. Le programme a pour but d'aider les acteurs régionaux à collaborer sur leur

> manière d'échanger des marchandises. Des contrats intelligents seront utilisés comme solution aux problématiques de conformité et de règlement.

Dubaï, comme Singapour, a investi son argent et son talent pour s'assurer de dominer l'espace blockchain rapidement. C'est un luxe de petit gouvernement et d'autorité centrale.

Le cadre réglementaire de Bitlicense

Si vous envisagez d'exploiter une start-up blockchain à New York City, prévoyez des frais supplémentaires. En juin 2015, le département des Services financiers de l'État de New York (NYDFS) a publié la version finale de Bitlicense, le cadre réglementaire pour la monnaie numérique visant à donner plus de clarté à l'industrie. En réalité, il a poussé de nombreuses start-up blockchain hors de New York. La licence elle-même coûte 5 000 $ et peut contenir jusqu'à 500 pages. Ce cadre réglementaire nécessite les empreintes digitales des leaders de chaque entreprise et une vérification approfondie des antécédents sur les entreprises candidates. La principale revendication porte sur près de 100 000 $ en frais associés à la demande. Cette estimation comprend le temps passé, les frais juridiques et les frais de conformité. Bitlicense contraste avec les efforts déployés par d'autres centres financiers tels que Londres, Singapour et Dubaï.

La Bitlicense finale a été le résultat de près de deux ans de recherche et de débats sur la façon dont la technologie devrait être réglementée. Elle a été produite après avoir considéré que les règlements existants ne convenaient pas aux sociétés de monnaie numérique.

Sur une note positive, les entreprises de blockchain de NYC n'ont plus besoin d'être approuvées par le NYDFS pour de nouvelles mises à jour de logiciels ou d'autres cycles de financement de capital-risque. Le cadre stipule que les entreprises de devises numériques ne doivent être approuvées que pour « les changements proposés à un produit, un service ou une activité existants qui pourraient faire en sorte que ce produit, service ou activité soit sensiblement différent de celui indiqué précédemment sur la demande d'autorisation par le surveillant général. »

La première entreprise à recevoir un Bitlicense était Circle, les fournisseurs de portefeuille Bitcoin. La licence leur permet d'opérer à New York dans le cadre réglementaire. Circle est l'une des rares entreprises qui peut légalement le faire. La plupart des start-up de blockchain évitent de travailler à New York parce que le coût et l'effort de la licence l'emportent sur le bénéfice. Seules les start-up les plus financées font des efforts.

Ripple a reçu sa deuxième licence. Cette itération de sa licence lui a permis de vendre et de détenir des XRP, qui est l'actif numérique derrière Ripple Consensus Ledger (RCL). Cela améliorera la capacité de Ripple à traiter avec des clients commerciaux qui veulent utiliser sa technologie pour les transferts de fonds internationaux.

D'autres régions des États-Unis ont également mis en place des projets de loi similaires pour réglementer la monnaie numérique et exiger des licences. Le projet de loi californien AB 1326 l'aurait fait pour la région, mais a échoué après qu'Electronic Frontier Foundation (EFF) s'y est opposé. (L'EFF est un groupe basé à San Francisco qui défend les droits des consommateurs et les nouvelles technologies.)

Sécuriser les frontières

La blockchain est explorée par de nombreux gouvernements pour sécuriser les frontières. Le Royaume-Uni a un objectif ambitieux consistant à faire en sorte que les voyageurs n'aient jamais besoin de ralentir lorsqu'ils traversent leurs aéroports. Cela contraste avec les longues files d'attente pour passer la sécurité qui sont maintenant présentes dans presque tous les aéroports. Les principaux obstacles que le Royaume-Uni doit surmonter pour une expérience de voyage sans contrainte ont trait à la *résolution des passagers* (la capacité de connaître définitivement l'identité d'un passager donné, même si le passager est originaire d'un autre pays). La résolution des passagers est un problème pour les pays qui luttent contre le terrorisme.

Les États-Unis ont ouvert leur technologie pour la résolution des passagers dans le cadre du Système mondial d'évaluation des voyages « Global Travel Assessment System » (GTAS). Il est disponible pour une collaboration publique sur GitHub (www.github.com/US-CBP/GTAS).

Les ordinateurs, les caméras et les capteurs impliqués dans le dépistage et l'authentification non invasifs des passagers doivent tous être sécurisés pour assurer la sécurité nationale. Les blockchains, avec leurs propriétés immuables sous-jacentes, sont une technologie prometteuse pour ce cas d'utilisation et sont aujourd'hui en phase de test.

L'autre chose intéressante qui peut être créée à l'aide de blockchains est l'identité biographique – les identités qui sont construites dans le temps. Toute donnée peut être liée à une identité biographique, et la confidentialité et la lisibilité des données attribuées peuvent être gérées par les éditeurs. Au fil du temps, l'identité est construite en ajoutant des attributs supplémentaires. Les attributs peuvent être à peu près n'importe quoi, des données de votre appareil personnel aux instances où vos documents ont été vérifiés à un passage frontalier. Ces attributs sont publiés sur la chaîne d'identité de l'individu par les autorités de certification ou celles autorisées par les autorités de certification.

Le département de la Sécurité intérieure et l'identité des objets

Le département de la Sécurité intérieure sous la direction des Sciences et de la Technologie cherche à sécuriser les appareils IoT pour les frontières des États-Unis. Il travaille avec Factom, Inc., une start-up blockchain basée à Austin, Texas, afin de promouvoir la sécurité de l'identité numérique pour les outils IoT.

Factom crée des « identity logs » qui captent l'ID d'un périphérique qui l'a fabriqué, des listes de mises à jour disponibles, des problèmes de sécurité connus et des autorisations accordées tout en y ajoutant la dimension de temps pour une sécurité accrue. L'objectif est de limiter les capacités des pirates potentiels à corrompre les enregistrements d'un appareil, ce qui rend l'usurpation d'identité plus difficile.

Les passeports du futur

ShoCard (www.shocard.com) est une société de développement d'applications qui travaille avec la société blockchain BlockCypher. Elle a construit des prototypes qui vous permettent d'établir votre identité dans un environnement de blockchain sécurisé. ShoCard ID est une application de votre téléphone qui peut être utilisée pour partager tous les types d'informations confidentielles, en toute sécurité.

Le nouveau document d'alimentation

Vous n'avez peut-être pas entendu parler de Smartrac, mais vous touchez très probablement une partie de sa technologie tous les jours. Smartrac est le fournisseur numéro un des étiquettes d'identification par radiofréquence (RFID) et d'autres puces d'identification qui vivent à l'intérieur de choses comme les passeports et les cartes d'identité. L'un des principaux défis auxquels les pays sont confrontés tout en luttant contre la fraude d'identité consiste à authentifier les documents sous-jacents utilisés pour créer des identités. Il s'agit de cartes de Sécurité sociale, de certificats de naissance et de diplômes, qui sont actuellement faciles et peu coûteux à falsifier.

Smartrac a lutté contre ce problème avec une technologie de plus en plus sophistiquée. Sa dernière innovation, dLoc, est une solution logicielle d'authentification qui permet de vérifier les documents d'alimentation (documents sous-jacents utilisés pour créer des identités) grâce à un enregistrement de blockchain.

Les données du document sont marquées d'une identification unique de la balise de communication de champ proche (NFC) pour créer une valeur de hachage de 32 bits, qui n'est reconnaissable que par l'agence émettrice à l'aide d'une clé privée. La valeur de hachage est stockée dans Smart Cosmos et sauvegardée dans une blockchain publique. Après cela, le document avec l'autocollant dLoc peut être vérifié à l'aide d'un lecteur de bureau ou d'une application mobile sur un téléphone compatible NFC.

Cela engendre deux choses incroyables qui n'ont jamais été possibles avec des documents papier :

- Une histoire inaltérable du document, qui montre son âge réel et son originie.
- La possibilité pour les autorités certifiantes de signer l'authenticité d'un document de manière cryptographique. Par conséquent, même si le support papier utilisé pour créer les documents était volé, il ne serait pas signé de manière adéquate, ou si un document était pris après son utilisation, il serait marqué comme document volé.

Chapitre 16

D'autres industries

DANS CE CHAPITRE :

- **Découvrir les fondations des gouvernements « Lean » en cours de construction à travers le monde**
- **Avoir une longueur d'avance sur les couches améliorées d'infrastructures Internet pour votre entreprise et votre pays**
- **Commencer à créer votre propre identité blockchain**
- **Monétiser vos informations grâce à des contrats intelligents**

Il est facile de se concentrer sur les projets de blockchains et les impacts de l'industrie les plus importants, mais la technologie blockchain a déjà commencé à toucher tous les aspects de la société.

Dans ce chapitre, je vous guide sur certaines des applications les plus intéressantes et inhabituelles de la technologie blockchain que vous n'avez peut-être pas soupçonnées. Certaines des transformations les plus intéressantes se produiront au sein des systèmes gouvernementaux, de nouvelles couches de confiance pour Internet et de nouvelles industries seront créées par des blockchains. Vous y découvrirez les changements les plus impressionnants qui se déroulent aujourd'hui et comment ces transformations affecteront votre vie et l'industrie dans laquelle vous travaillez, ainsi que les gouvernements et les organismes qui vous protègent.

Les gouvernements Lean

Quelques petites nations se sont rendu compte que si elles veulent être compétitives dans une économie mondiale, elles doivent en offrir davantage et le faire d'une manière qui ne charge pas leurs citoyens. Pour être compétitives, elles ont changé beaucoup d'idées traditionnelles sur ce que signifie l'octroi de la citoyenneté. Dans un monde qui évolue de frontières difficiles à très poreuses, où les gens ont le pouvoir de choisir où ils vivent et à quel pays ils appartiennent, ces petits pays s'en sortent bien.

La citoyenneté devient une marchandise qui peut être achetée, chaque nation offrant des avantages différents. Les pays passent d'un modèle de citoyenneté passive, où vous êtes né citoyen d'un pays, à celui où vous choisissez la citoyenneté en fonction des avantages offerts par ce pays.

Selon ce nouveau modèle, la citoyenneté n'est plus liée à un emplacement physique. Un gouvernement peut exister sans frontières ou lieu physique. Les anciens modèles considèrent la citoyenneté comme un lieu qui peut être envahi et renversé par une autre nation ou de l'intérieur, comme une révolution.

La technologie blockchain et d'autres innovations de premier ordre sont adoptées dans ces endroits ; d'une part, parce qu'ils le permettent et, d'autre part, parce qu'ils contribuent à réduire le poids du gouvernement en créant des systèmes plus efficaces auxquels les citoyens peuvent accéder rapidement partout dans le monde, même en dehors du territoire physique.

Singapour, l'Estonie et la Chine ont tous été leaders du marché dans ce type d'initiatives. Le projet Smart Nation de Singapour et e-Résidence de l'Estonie sont des systèmes uniques qui visent à réduire la paperasserie et les temps d'attente des citoyens, et à accroître l'efficacité des ressources partagées. Les efforts de la Chine pour réduire la fraude ont changé la dynamique de l'espace blockchain.

Le projet Smart Nation de Singapour

Smart Nation est l'effort national de Singapour pour créer une vie meilleure future pour tous ses citoyens et habitants. Les personnes, les entreprises et le gouvernement travaillent ensemble. Le projet s'étend de l'identité numérique à tous les capteurs IoT qui optimisent les enregistrements publics.

Singapour croit que les personnes, aidées par la technologie, peuvent mener des vies plus intéressantes et plus accomplies. Elle exploite les nouvelles technologies, les réseaux et le big data à la recherche de l'innovation grâce à des bacs à sable régulateurs, à un recrutement actif et des incitations à l'innovation par les start-up.

Vous pouvez voir une description de l'initiative Smart Nation à l'adresse `https://goo.gl/EGmF4X`.

Singapour a été en mesure de tester rapidement et de déployer de nouvelles technologies, car elle a un gouvernement à une seule couche. Il coordonne rapidement les politiques et les efforts des institutions. Smart Nation est un excellent exemple de cette philosophie selon laquelle la nouvelle technologie dépasse la politique.

L'e-Résidence de l'Estonie

L'Estonie est un petit pays de l'Union européenne qui compte 1,3 million d'habitants. Elle a des ressources limitées pour répondre aux besoins de ses citoyens, mais grâce à la technologie, elle a pu dépasser les capacités de nombreux pays plus importants. L'Estonie a lancé des cartes d'identité numériques pour les services en ligne et a été le premier pays à offrir l'e-Résidence, une identité numérique, disponible pour toute personne dans le monde qui souhaite exploiter une entreprise en ligne.

L'inscription à une e-Résidence en Estonie prend quelques minutes et la vérification des antécédents coûte environ 100 $. Avoir une carte e-Résidence ne vous rend pas citoyen d'Estonie, mais vous procure beaucoup d'avantages.

Vous pouvez aussi devenir un e-Résident estonien en vous rendant online sur : `https://apply.gov.ee`.

Après avoir quitté l'Union soviétique, l'Estonie a fortement investi dans les nouvelles technologies. Elle est complètement passée d'un gouvernement traditionnel à un principe de guichet unique (un seul point d'accès pour les citoyens). Le principe du guichet unique permet aux citoyens d'accéder à tous les services fiscaux et douaniers avec un seul journal sécurisé n'importe où dans le monde. Des transactions simples et sans papier sont rendues possibles grâce à ce système. Tout, à l'exception du mariage et des achats immobiliers, peut être fait en ligne. Les citoyens estoniens peuvent effectuer des transferts bancaires ou payer des taxes en quelques minutes.

Les Estoniens s'attendent à ce que leur gouvernement simplifie et utilise plus de solutions informatiques. Le développement actif des services électroniques a réduit le nombre de visites dans les bureaux de service de la fiscalité et des douanes de l'Estonie de plus de 60 % entre 2009 et 2016, réduisant le coût global.

L'Estonie a amélioré sa gestion des impôts et taxes sociales en 2015 et a collecté 125 millions d'euros de plus en taxe sur la valeur ajoutée (TVA) que l'année précédente grâce au développement et à l'utilisation étendue des services électroniques. Le gouvernement estonien a ajouté un calculateur de la fiscalité due à partir des données des systèmes bancaires incorporés des citoyens. Il a également facilité la soumission au système des factures.

Les Estoniens ont adopté les technologies blockchain. Le prochain grand développement sera un cloud blockchain. L'Estonie a engagé Ericsson, Apcera et Guardtime pour développer et exploiter conjointement une plateforme cloud hybride qui améliorera l'évolutivité, la résilience et la sécurité des données des rapports fiscaux et des prescriptions en matière de soins de santé en ligne.

Nasdaq développe également des services blockchain en Estonie. Il construit un marché pour les entreprises privées qui surveille les actions qu'elles émettent et leur permet de régler les transactions immédiatement. Il vise à améliorer le processus de vote par procuration pour les entreprises. Ce sera un moyen simple d'enregistrer votre entreprise.

Le projet Bitnation collabore avec l'Estonie pour créer un notaire public pour les e-Résidents estoniens, qui leur permettra, quel que soit l'endroit de résidence où ils font leurs affaires, de notarier leurs mariages, certificats de naissance et contrats commerciaux sur une blockchain. Les documents notariés Blockchain ne sont pas juridiquement liants dans la juridiction estonienne ou dans tout autre pays ou état, mais cela permettra aux citoyens de prouver l'âge de ces documents.

Meilleure notarisation en Chine

La Chine a une relation amour-haine avec la crypto-monnaie. Les citoyens chinois ont essayé d'utiliser des tokens comme moyen de blanchir de l'argent hors du pays ou de cacher les produits de la fiscalité. Cela a amené le gouvernement chinois à renforcer la réglementation en ce qui a trait à l'utilisation des crypto-monnaies. Cependant, comme l'utilité de la technologie sous-jacente de la blockchain s'est développée au-delà du mouvement de la valeur, la Chine a commencé à adopter la technologie des blockchains.

Un exemple intéressant de son utilisation précoce a été Ancun Zhengxin Co., précurseur dans le passage aux services électroniques de notarisation de données en Chine par le biais de partenariats avec plus de 100 services notariés traditionnels dans 28 provinces. Il offre également une solution de stockage de données électroniques et de notarisation en chaîne par des bureaux traditionnels.

Ancun publie des milliers d'enregistrements dans une blockchain d'accès public qui permet aux utilisateurs de vérifier l'authenticité et l'âge des documents notariés.

Beaucoup de start-up travaillent sur des concepts similaires aux États-Unis. Par exemple, Tierion (www.tierion.com) vous permet le hachage et la certification de la date. Il ancre pour vous les données dans la blockchain Bitcoin.

La couche de confiance pour l'Internet

Au cours des 30 dernières années, Internet a été construit en couches – une couche au-dessus de la suivante – ce qui rend l'utilisation plus facile et plus sûre. La blockchain est la prochaine couche d'Internet. Pensez-y comme couche de confiance. Elle va probablement disparaître calmement de la conscience du public et tout simplement commencer à rendre vos interactions en ligne plus agréables. La mise en œuvre de la technologie blockchain finira par éliminer les problèmes irritants qui se produisent généralement en ligne car il n'y a pas suffisamment de moyens pour faire confiance à l'information.

Il y a deux domaines clés où le travail a débuté, que vous ne connaissez peut-être pas, mais que vous adorerez : un courrier électronique avec peu ou pas de spam et un nouveau type d'identité en ligne.

Emails sans spams

Vous haïssez probablement le spam autant que moi, mais il y a un problème plus important que trop d'emails indésirables. Les systèmes de courrier électronique actuels ne sont plus sécurisés. À la fin de 2016, Yahoo® a subi l'un des plus grands hacks au monde. Un milliard de comptes d'utilisateurs ont été compromis et les données personnelles des utilisateurs ont été exposées.

La sécurisation des emails est un cas d'utilisation convaincant pour la technologie blockchain, et le courrier électronique est prêt à être mis en question. Une légende de la sécurité en ligne a relevé le défi. Le Dr John McAfee, pionnier du logiciel antivirus, a créé une nouvelle plateforme pour le courrier électronique basée sur la technologie blockchain.

John McAfee SwiftMail (www.johnmcafeeswiftmail.com) est un courrier électronique basé sur la blockchain. Il n'est pas différent de vos systèmes de messagerie habituels. La navigation est facile, et certains développeurs ont construit des applications mobiles et des applications Web pour rendre l'expérience plus pratique.

La blockchain de SwiftMail confirme que votre courrier est authentique et que les courriels que vous envoyez ont été reçus par les parties visées, en supprimant le besoin de faire confiance à un tiers, comme Yahoo!, pour vos données. Il existe également un petit coût inhérent pour envoyer un courrier électronique qui dissuade les spammeurs.

SwiftMail prend une position forte sur la vie privée là où de nombreux fournisseurs de services ont une attitude blasée. John McAfee dit : « Si la vie privée n'a pas d'importance, seriez-vous disposé à donner votre portefeuille à un parfait étranger et le laisser le fouiller et noter tout ce qu'il trouve à l'intérieur ? Alors, pourquoi croire que si nous ne faisons rien de mal, nous ne devrions pas nous soucier du fait que quelqu'un a notre information ? ».

SwiftMail utilise une adresse de portefeuille similaire à un portefeuille Bitcoin qui est conservé sur une application sur votre ordinateur. Ce sont 32 caractères aléatoires sans métadonnées à mettre au rebut, et les utilisateurs peuvent en créer de nouveaux rapidement, tout comme vous le faites avec Bitcoin. Les emails eux-mêmes sont un chiffrement de bout en bout de 256 bits, rendant les données interceptées inutiles pour les voleurs.

Actuellement, les téléchargements pour SwiftMail ne sont disponibles que pour les systèmes Android, Linux et Windows. Il n'y a pas encore de version compatible Apple de ce logiciel. Ne téléchargez pas la mauvaise version.

D'autres projets dans cet espace, y compris 21 (www.21.co), fonctionnent sur l'attribution d'une blockchain backend à un email. Ils ont créé des courriels qui facturent aux personnes en dehors de votre réseau des frais pour vous envoyer un courrier électronique. Ensuite, ils vous donnent l'option de garder l'argent ou de faire un don à un organisme de bienfaisance.

Posséder les données de son identité

Un des principes fondamentaux dont les enthousiastes de la blockchain discutent est la responsabilité personnelle de la propriété des données que vous créez et qui vous identifient de manière unique. Ce concept peut sembler évident, pourtant la plupart des personnes ne sont pas propriétaires ou ne contrôlent pas des données qui représentent leur identité.

La plupart du contrôle est détenu par des bases de données centralisées qui sont vulnérables au piratage. Ces bases de données détiennent l'information, et les autorités de certification valident les informations, qui doivent être correctes et inaltérées. À l'ère de l'information, vos données sont votre identité. Et plus ces données sont distribuées, plus elles sont susceptibles de tomber entre les mains de ceux qui veulent en faire un usage détourné.

Une identité basée sur la blockchain place le contrôle de l'identité entre les mains de personnes ou sociétés que l'identité représente. Les bases de données centralisées et autorités de certification ne sont pas nécessairement remplacées. Les données nécessitent toujours un endroit sécurisé, et il y a toujours du sens à ce que des tiers valident l'authenticité des documents.

La valeur apportée par le changement d'ordre autour de l'identité est que celle-ci devient plus compliquée à voler, à prendre en otage, et qu'il est également plus difficile de manipuler les documents qui représentent cette identité. L'information est partagée à bon escient sans exposer celles qui ne sont pas nécessaires.

L'oracle de la blockchain

La technologie blockchain n'enlève rien au fait que l'information doit provenir de quelque part. Il est également important que l'on puisse s'appuyer sur celle-ci. Il existe donc toujours un facteur humain qui ne peut être retiré de l'équation lorsque vous voulez agir sur un contrat en utilisant un système blockchain.

Il n'existe pas d'autorité centrale pour monitorer ou renforcer l'honnêteté dans un système blockchain. Prédire l'honnêteté future des auteurs d'informations est impossible. Cela induit logiquement que chaque transaction doit être moins importante que le coût permettant de rebâtir une réputation. La réputation des auteurs de confiance se construit dans le temps, et plus l'auteur est honnête et correct, plus sa réputation acquiert de la valeur. Ce concept est similaire à celui de la valeur d'une marque.

Dans cette section, j'explique comment les artistes et les créatifs utilisent la technologie blockchain pour monétiser leur travail.

La fiabilité de l'auteur

Les contrats intelligents et les codes en chaîne ont créé une nouvelle opportunité pour les particuliers et les entreprises bien informés sur la monétisation de leurs informations. Ces types de systèmes ont besoin de sources d'information fiables pour être exécutés. Ces sources fiables pourraient être des agences de notation, de prévisions météo, ou autres.

Vous pouvez également connecter des périphériques IoT à une infrastructure blockchain afin qu'ils créent leurs propres clés et identités sur un réseau blockchain. Ils doivent construire la confiance au fil du temps, et peuvent toujours être corrompus à n'importe quel moment. L'honnêteté antérieure ne prévient pas d'une malhonnêteté future ou de la corruption d'une source d'informations.

Les contrats intelligents et les codes en chaîne ne sont pas tous autonomes ou exécutés à partir de sources infaillibles. Le cas d'utilisation commerciale le plus pratique et le plus applicable requiert que l'information soit dérivée de sources hors de l'univers connu de n'importe quel réseau blockchain. Plusieurs start-up s'attaquent au problème sous des angles différents.

Factom a créé Acolyte, un service permettant à l'utilisateur de créer sa réputation dans le temps à propos des informations qu'il fournit au réseau. Les créateurs de contrats intelligents peuvent s'abonner et dédommager les oracles qui sont créés. Ils peuvent également évaluer leur degré de confiance.

Partant d'un point de vue totalement différent, Augur, une autre start-up spécialisée dans la blockchain, est pionnière dans le concept des marchés de prévisions. Augur est une plateforme qui récompense les utilisateurs qui prédisent les événements qui auront lieu dans le monde réel, comme par exemple le résultat d'une élection, ou encore le rachat de certaines entreprises. Les paris sur le résultat d'un événement sont faits en échangeant des actions virtuelles. Les utilisateurs gagnent de l'argent en achetant des actions dont le résultat est correct. Le coût des actions fluctue selon ce que la communauté pense de la probabilité de résultat de l'événement. Augur est similaire à un site de paris en ligne. N'importe qui peut faire une prédiction. N'importe qui peut également créer un marché de prédiction pour n'importe quel événement. Cela devrait vous permettre, en tant que propriétaire d'une entreprise, de sonder par exemple quels résultats les gens prédisent. Cela peut également révéler des informations sur lesquelles les auteurs voudraient pouvoir capitaliser.

Droits de propriété intellectuelle

L'une des industries les plus touchées par la lutte pour le respect des droits de propriété intellectuelle est l'industrie musicale. Les artistes au top sont lésés économiquement par les nombreux intermédiaires qui s'appuient sur leur travail créatif. Les petits artistes ne peuvent pas faire de leur musique leur principale source de revenus puisqu'ils n'obtiennent qu'une faible part des revenus générés. Les mégastars se rémunèrent sur le volume important de leurs fans.

Internet a permis aux artistes de partager leur travail plus facilement, quelle que soit leur notoriété. Dans le même temps, il a rendu encore plus difficile la possibilité de vivre confortablement de ce que l'on aime faire. La chaîne alimentaire de l'industrie musicale est longue, et chaque intermédiaire prend sa part du gâteau, allongeant également le temps de transfert des fonds à l'artiste. Souvent, l'artiste peut attendre jusqu'à dix-huit mois voire plus pour toucher ce qui lui revient et peut ne percevoir que 0,000035 $ par écoute de son morceau en streaming. Cette situation est le meilleur scénario dans notre marché actuel, personne ne fraudant l'artiste.

La blockchain a été présentée comme un moyen de révéler la charge financière massive qui repose sur les créatifs. La crypto-monnaie pourrait être utilisée pour réduire les frais de transactions associés aux cartes de crédit et à la fraude. Cela pourrait également ouvrir de nouveaux marchés dans les pays en développement qui n'ont pas accès de manière régulière aux cartes de crédit.

Une autre possibilité, encore plus intéressante, mais moins directe, consisterait à migrer l'ensemble de l'économie de l'industrie musicale dans un système blockchain qui utiliserait les contrats intelligents ou un code de chaîne pour faciliter le paiement immédiat, à l'utilisation. Cela pourrait également clarifier la propriété des licences et faciliter l'accès à la musique à des fins commerciales pour les consommateurs.

Plusieurs projets travaillent sur cette problématique et cherchent à promouvoir un écosystème sain, pérenne et sans friction, un système qui ne destitue pas les acteurs du marché, mais permet aux artistes de gagner un peu plus grâce à leur dur labeur.

UjoMusic est en phase de bêta-test de sa plateforme qui permet aux utilisateurs de vendre et d'acheter de la musique directement. La plateforme utilise le réseau Ethereum, les contrats intelligents pour l'exécution, et l'Ether (la crypto-monnaie de l'Ethereum) pour le paiement. Vous pouvez télécharger l'intégralité d'une chanson, ou uniquement le chant ou les instruments, et ce pour un usage commercial ou non commercial. Les musiciens sont alors payés immédiatement en Ether.

Peertracks est une autre start-up de la blockchain dont le travail consiste à changer l'industrie musicale. Il s'agit d'un site de streaming musical qui permet aux utilisateurs de télécharger et de découvrir de nouveaux artistes. Cela se fait par son réseau pair-à-pair appelé MUSE et la création de tokens individuels pour les artistes. Ces tokens fonctionnent de la même manière que les autres crypto-monnaies et leur valeur fluctue selon la popularité de l'artiste.

La technologie blockchain ne supprime pas les labels et distributeurs. Cependant, ils devront agir rapidement, s'ils ne veulent pas être remplacés par de nouvelles entreprises qui s'adaptent à ce nouveau modèle plus efficient, à l'instar de Netflix qui a perturbé Blockbuster.

V
Les dix commandements

DANS CETTE PARTIE :

Découvrez dix ressources blockchain gratuites qui vous aideront à rester à jour sur la technologie et l'industrie.

Identifiez dix règles à ne jamais enfreindre lorsque vous travaillez dans le monde des crypto-monnaies et de la blockchain.

Trouvez plus d'informations sur le top 10 des projets et organisations qui façonnent le futur de l'industrie.

Chapitre 17

Dix ressources gratuites autour de la blockchain

DANS CE CHAPITRE :

- **Découvrir des ressources éducatives gratuites concernant la blockchain**
- **S'impliquer dans la communauté blockchain**
- **Rester à jour concernant les dernières informations sur la blockchain**
- **Approfondir vos connaissances sur les autres ressources blockchain**

Dans ce chapitre, je rassemble les ressources gratuites intéressantes de l'écosystème blockchain qui vous aideront à rester informé et impliqué dans la communauté. Ici, vous pouvez trouver des outils gratuits pour créer des oracles (les flux de données qui permettent aux contrats intelligents de s'exécuter), des vidéos qui étendront vos connaissances, et les organisations qui façonnent le futur de l'industrie.

Factom University

Factom, Inc., est une entreprise blockchain qui sert le réseau open source Factom. Elle développe des applications blockchain personnalisées pour les grands groupes et les gouvernements. Elle a également développé un produit « blockchain as a service » pour l'industrie hypothécaire américaine.

La Factom University (www.factom.com/university), qui a été créée par Factom, Inc., est également une bibliothèque de connaissances en croissance créée dans le but d'enseigner la technologie blockchain aux individus, et de les former à l'utilisation de la plateforme Factom et des API. Elle se présente sous forme de vidéos et tutoriels qui vont feront passer du niveau novice à celui d'expert. La Factom University envisage de sortir un programme de certification, alors restez aux aguets !

Ethereum 101

Ethereum est un projet open source ayant fait appel au financement participatif qui a construit les blockchains Ethereum. C'est l'un des projets les plus importants puisqu'il a été pionnier dans la construction d'un langage de programmation au sein d'une blockchain. Grâce à ce langage de programmation propre, le réseau Ethereum vous permet de créer des contrats intelligents, des organisations décentralisées, et de déployer des applications décentralisées.

Ethereum 101 (www.ethereum101.org) est un site Internet lancé par les membres de la communauté Ethereum. C'est une plateforme de curation pour les contenus éducatifs de haute qualité concernant la technologie blockchain et le réseau Ethereum. Anthony D'Onofrio, Directeur de la Communauté Ethereum, supervise le projet.

Build on Ripple

Ripple fournit des solutions globales de règlements financiers. Son réseau de règlement distribué est construit sur une technologie open source que tout le monde peut utiliser. Ripple avertit que les capacités blockchain qu'elle propose ne devraient être utilisées que par des institutions financières autorisées.

Ripple a développé une vaste base de connaissances pour développer sur sa plateforme (`www.ripple.com/build`). Ce centre de connaissances cible principalement les développeurs. Ripple offre également des ressources pour les régulateurs financiers. Cela vaut le détour, même si vous n'en êtes pas un vous-même, puisque cela vous donne un aperçu des contraintes légales autour des technologies blockchain.

Programmable Money by Ripple

Steven Zeiler est un employé de Ripple qui a créé une série YouTube sur comment créer de la monnaie programmable sur le réseau Ripple en utilisant JavaScript. Cette série cible les programmeurs JavaScript. Au moment de l'écriture de ces lignes, il existe dix vidéos qui vous parleront de développement. Vous pouvez trouver cette série YouTube sur https://www.youtube.com/results?search_query=steven+zeiler+ripple.

DigiKnow

DigiByte est un réseau de paiement décentralisé inspiré de Bitcoin. Il vous permet de faire transiter de la monnaie sur Internet et vous offre des transactions plus rapides et des frais moins élevés que Bitcoin. Le réseau est également ouvert à ceux qui veulent miner les tokens natifs.

Le fondateur de DigiByte, Jared Tate, a créé une série de vidéos YouTube, appelée DigiKnow, qui vous apprend tout ce que vous devez savoir pour utiliser DigiByte. Voici le lien de sa première vidéo, où il vous apprend les bases du fonctionnement des blockchains et comment le réseau DigiByte ajoute de la valeur : https://youtu.be/scr6BzFddso.

Blockchain University

La Blockchain University est un site éducatif qui enseigne l'écosystème blockchain aux développeurs, managers et entrepreneurs. Il propose des programmes d'entraînement publics et privés, des hackathons, et des événements de démonstration. Ses programmes sont des pensées de conception orientées vers une solution et une formation pratique d'expérimentation. Vous pouvez trouver la Blockchain University à Mountain View, California, ou sur http://blockchainu.co.

Bitcoin Core

Bitcoin Core (https://bitcoin.org) était initialement utilisé par Satoshi Nakamoto pour héberger son livre blanc sur le protocole Bitcoin. C'est la maison mère des ressources éducatives concernant le cœur du protocole et des versions téléchargeables du logiciel Bitcoin d'origine.

Le site est dédié à la préservation du caractère décentralisé du Bitcoin et accessible à tous.

Il s'agit d'un projet communautaire, et tous les contenus ne sont pas gérés par l'équipe de base. Gardez cela en tête en naviguant sur le site

Blockchain Alliance

La Blockchain Alliance a été fondée par la Chambre Blockchain du Commerce Digital (*Blockchain Chamber of Digital Commerce*) et l'organisation d'actualités Coincentre. Il s'agit d'une collaboration publique-privée par la communauté blockchain, les forces de l'ordre, et les régulateurs. Ils ont pour but commun de rendre l'écosystème blockchain plus sécurisé et de promouvoir les développements à venir de la technologie. Cela passe par le fait de combattre les activités criminelles sur la blockchain en fournissant de l'information, de l'assistance technique, et des sessions ponctuelles d'informations à propos du Bitcoin et des autres crypto-monnaies ainsi que celles utilisant la technologie blockchain.

Vous pouvez en apprendre plus sur les événements organisés par la Blockchain Alliance ou rejoindre leur organisation sur www.blockchainalliance.org.

Multichain

Multichain est une entreprise qui aide les organisations à rapidement construire leurs applications sur les blockchains. Elle offre une plateforme qui peut émettre des millions d'actifs sur une blockchain privée, et vous pouvez également suivre et vérifier l'activité sur votre réseau à travers ses outils. Au-delà de sa boîte à outils et de sa plateforme, elle fait partie des leaders dans l'univers de la blockchain.

Voici mes posts préférés issus de son blog (www.multichain.com/blog) :

- » Quatre cas d'utilisation de la blockchain (www.multichain.com/blog/2016/05/four-genuine-blockchain-use-cases/)
- » Méfiez-vous du contrat intelligent impossible (www.multichain.com/blog/2016/04/beware-impossible-smart-contract/)
- » Les contrats intelligents et l'implosion de la DAO (www.multichain.com/blog/2016/06/smart-contracts-the-dao-implosion/)
- » Comprendre la blockchain pour les débutants (www.multichain.com/blog/2016/11/understanding-zero-knowledge-blockchains/)

HiveMind

Paul Sztorc a fondé Truthcoin, un système oracle en pair-à-pair et une place de marché de prédiction pour Bitcoin. Truthcoin utilise une chaîne latérale de preuve de travail qui stocke les données en l'état des marchés de prédiction. Le bitcoin peut supporter les produits financiers dérivés et les contrats intelligents via HiveMind, la plateforme développée à partir du livre blanc de Truthcoin. Je vous invite à prendre connaissance des ressources et des contenus éducatifs sur http://bitcoinhivemind.com.

Chapitre 18

Les dix règles à ne jamais enfreindre sur la blockchain

DANS CE CHAPITRE :

- **Découvrir vos vulnérabilités légales**
- **Comprendre les défauts techniques des blockchains**
- **Identifier les meilleurs points d'attaque de votre système pour contrer les voleurs**
- **Développer vos bonnes pratiques en matière de sécurité**

Dans ce chapitre, je détaille les éléments que vous devriez prendre en compte lorsque vous travaillez sur la technologie blockchain et les crypto-monnaies qui les utilisent.

Consultez toujours votre CPA et votre avocat avant de prendre des décisions qui auront un impact financier. Cette technologie est récente, et les règles qui la gouvernent ne sont donc pas complètement développées.

N'utilisez pas les crypto-monnaies ou les blockchains pour contourner la loi

La législation et la zone de légalité des crypto-monnaies fluctuent toujours dans de nombreux endroits du monde. Je ne plaisante pas en vous conseillant fortement d'échanger avec votre CPA et votre avocat. Ce sera de l'argent bien dépensé et cela vous préservera de problèmes majeurs.

Voici trois questions très naïves qu'on me pose souvent avec crainte :

- **Puis-je utiliser les crypto-monnaies pour cacher de l'argent ?** Cette idée est dangereuse. Souvenez-vous : les blockchains gardent à jamais les enregistrements de toutes les transactions, donc même si vous pensez avoir trouvé un moyen malin pour cacher des tokens, les personnes à la recherche de fraudeurs auront le temps de vous trouver.
- **Puis-je utiliser la blockchain comme moyen de faire sortir illégalement de l'argent de mon pays ?** De nombreux pays ont des limites concernant les fonds que les citoyens peuvent exporter. Vous ne voulez pas faire ça pour les mêmes raisons que celles mentionnées plus haut : la blockchain garde à jamais des traces!
- **Puis-je utiliser la crypto-monnaie pour acheter des biens illicites ?** La réponse est – vous l'avez deviné – non ! Les blockchains gardent une trace de vos actions pour toujours !

N'utilisez jamais les crypto-monnaies pour faire quoi que ce soit qui serait illégal en utilisant de la monnaie réelle.

Maintenez vos contrats aussi simples que possibles

Les organisations autonomes décentralisées (DAO, *Decentralized Autonomous Organizations*), les contrats intelligents, et Chaincode font fureur en ce moment. La promesse de couper court à l'influence des administrations et des coûts légaux sont extrêmement attrayants pour de nombreuses entreprises. Une des caractéristiques parfois mises de côté concernant cette technologie est le fait qu'elle ne représente que du code. Cela signifie qu'il n'y a pas d'intervention humaine qui interprète les règles que vous avez définies pour être suivies de tous. Le code devient la loi, et la loi ne s'applique que pour ce qui est considéré dans le contrat blockchain. Le « surplus » qui est parfois évité peut alors être très important.

Il n'y a personne pour interpréter le code. Cela signifie que si le code est exécuté d'une manière à laquelle vous ne vous attendiez pas, il n'y a également personne pour témoigner de l'intention du contrat. Le code fait loi, et rien qui ne sort du cadre de la loi n'arrive. C'est pourquoi vous devriez essayer de maintenir vos contrats simples et flexibles pour contenir et prédire les résultats de l'exécution du contrat. C'est également une bonne idée de faire tester votre contrat et qu'il soit challengé par des développeurs qui sont rémunérés pour cela.

L'objectif de la blockchain sur lequel vous construisez votre projet compte également. Vous pouvez le voir comme une juridiction. Bien sûr, un contrat intelligent peut s'exécuter sur des données extérieures, mais le contrat intelligent ne peut pas réquisitionner des fonds de comptes auxquels il n'a pas accès. Cela signifie que toute valeur doit être générée par ailleurs d'une certaine façon, ce qui peut encombrer les flux de monnaies.

Une autre chose à laquelle penser est la source d'information que votre contrat utilise pour s'exécuter. S'il s'agit de données météorologiques pour un contrat d'assurance, faites-vous confiance à la source et êtes-vous en accord avec elle ? Est-il possible de manipuler la source des données ? De nombreux questionnements devraient aller dans la source de l'oracle avant la mise en œuvre.

Publiez en prenant de grandes précautions

Le but principal de la blockchain est le fait qu'une fois les données insérées, il est difficile de les extraire. Cela signifie que ce que vous y introduisez y sera pour un long moment. Si vous publiez des données sensibles cryptées, il faut que vous soyez d'accord avec le fait que les données cryptées peuvent un jour être décryptées et que ce que vous aviez publié soit visible par tous.

Pensez à ceci avant de publier :

- Serais-je à l'aise avec le fait que cette information soit un jour décryptée ?
- Suis-je à l'aise avec le fait de partager cette information pour l'éternité avec quiconque souhaitant y accéder ?

» Cette donnée peut-elle être nocive pour une quelconque tierce partie et puis-je en être tenu pour responsable si c'est publié?

Enregistrez, enregistrez, enregistrez vos clés privées !

Les blockchains sont des créatures qui ne pardonnent pas. Elles ne se soucient pas du fait que vous ayez perdu vos clés privées ou mots de passe. De nombreux « crypto nerd » s'y sont essayés et ont perdu un nombre incalculable de tokens dans le grand océan de la blockchain – des trésors qui ne seront jamais retrouvés.

Les clés privées qui contrôlent votre crypto-monnaie font souvent partie de votre portefeuille, il est donc important de les protéger et de les sécuriser. Méfiez-vous des services en ligne qui stockent votre monnaie. De nombreux portefeuilles en ligne et plateforme d'échanges de crypto-monnaie se sont fait voler leurs fonds.

Ne stockez que des petits montants de tokens utiles pour votre usage quotidien, ou accessible depuis un appareil relié à Internet. Imaginez votre portefeuille de crypto-monnaie comme celui abritant vos billets. N'emportez pas plus d'argent que ce que vous êtes prêt à perdre à un moment donné. Plus d'une centaine de malwares connus cherchent à obtenir vos clés privées et à voler vos tokens.

Gardez le reste de votre monnaie en *chambre froide* – un espace avec strictement aucun accès à Internet. Cela peut être un portefeuille papier, un ordinateur qui ne peut pas accéder à Internet, ou sur un appareil conçu pour la sécurisation de la crypto-monnaie

Si vous optez pour un portefeuille papier afin de sécuriser votre crypto-monnaie, plastifiez-le et faites-en des copies. Gardez également à l'esprit que les imprimantes ont souvent accès à Internet, et que leurs données peuvent être récupérées par des tiers. Les plus méfiants n'utilisent que des imprimantes qui n'ont pas accès au Web. Gardez les copies de votre portefeuille papier à différents endroits, comme un coffre de banque et un endroit sûr chez vous.

Sauvegardez vos portefeuilles digitaux et rangez-les dans un endroit sûr. La sauvegarde est là au cas où votre ordinateur lâche, ou si vous effacez le mauvais fichier par erreur. La sauvegarde vous permettra de retrouver votre portefeuille au cas où votre appareil se trouverait corrompu ou volé. N'oubliez pas non plus d'encrypter votre portefeuille. Le crypter vous permettra de définir un mot de passe pour le retrait de tokens.

L'encryptage est une mesure efficace pour vous protéger des voleurs, mais elle ne peut pas vous protéger des logiciels de keylogging. Utilisez toujours un mot de passe sécurisé qui contient des lettres, des chiffres, des signes de ponctuation, et d'au moins 16 caractères. Les mots de passe les plus sécurisés sont ceux générés par les programmes spécialement conçus pour cette fonction. Les mots de passe forts sont plus difficiles à retenir. Vous pouvez envisager de noter votre mot de passe et de le plastifier comme vos clés privées. Les possibilités de récupération de mots de passe sont limitées au sein de la crypto-monnaie, et un mot de passe oublié pourrait être synonyme de tokens perdus.

LES OUTILS POUR SÉCURISER VOS TOKENS

Vous pouvez envisager l'utilisation du portefeuille BitGo pour sécuriser votre Bitcoin. Bien qu'il s'agisse d'un portefeuille en ligne, BitGo requiert l'usage combiné d'une signature en ligne et hors ligne. De par cette fonctionnalité, BitGo est plus sécurisé que la plupart des portefeuilles en ligne standard.

Les portefeuilles BitGo utilisent trois clés. Ils en possèdent une, vous en possédez une, et la dernière est détenue en votre nom par un système de récupération de clé (KRS, *key recovery service*). Deux signatures sont requises pour chaque transaction. Elles sont généralement effectuées par BitGo et vous, à moins que vous n'ayez perdu l'une de vos clés ; dans ce cas, le KRS vous viendra en aide. Le portefeuille BitGO n'est pas gratuit, une faible commission par transaction vous est demandée.

Découvrez le portefeuille BitGo sur `www.bitgo.com/wallet`.

Vérifiez trois fois l'adresse avant d'envoyer de la monnaie

Les crypto-monnaies ont attiré un certain nombre de lascars, alors faites attention lorsque vous envoyez de l'argent. Dès que l'argent sort de votre portefeuille, il est parti pour de bon, et il n'y a aucun moyen de le récupérer. Il n'existe aucun remboursement et vous n'aurez pas de support client à appeler. Votre argent sera parti pour de bon.

Faites attention en utilisant les bourses d'échange

Les bourses d'échange de crypto-monnaies sont les points centraux que les hackers aiment cibler pour voler des tokens. Elles sont perçues comme de bonnes poires mûres pour la cueillette, et plus de cent cinquante d'entre elles ont été compromises.

Gardez cela en tête lors de vos échanges, et suivez les bonnes pratiques énoncées dans ce livre pour garder vos tokens en sécurité. Faites un minimum de recherche sur la place d'échange que vous utilisez pour vérifier les mesures de sécurité qu'elle a mises en place.

En définitive, n'utilisez les bourses d'échange que pour faire entrer et sortir vos fonds. Ne les utilisez pas comme endroit pour stocker vos valeurs. À la place, maintenez vos montants signifiants de crypto-monnaies dans des *chambres froides* ou un portefeuille papier plastifié avec de nombreuses copies.

Méfiez-vous du Wi-Fi

Si votre routeur n'a pas été correctement configuré, il est possible que quelqu'un retrouve trace de votre activité en ligne. Si vous êtes sur un réseau public, sachez que l'administrateur du réseau peut voir votre activité.

N'utilisez que des réseaux Wi-Fi de confiance et assurez-vous que vous avez modifié le mot de passe de votre routeur en quelque chose d'aussi sécurisé qu'un mot de passe. La plupart des mots de passe de routeurs Wi-Fi sont définis en usine en tant que « admin » par défaut, et peuvent donc être aisément volés.

Identifiez votre développeur blockchain

La technologie blockchain est nouvelle, et il n'y a tout simplement pas assez de personnes qui ont suffisamment d'expérience lorsqu'on parle de créer des applications blockchain.

Si vous envisagez d'embaucher un développeur pour vous aider dans votre projet, vérifiez son GitHub et regardez le travail qu'il a effectué avant de l'employer. Il n'aura pas forcément besoin d'avoir une expérience significative dans la blockchain en particulier, mais il devra alors être particulièrement expérimenté dans le développement en dehors de l'univers blockchain.

Pour l'instant, il n'y a pas énormément de ressources disponibles pour aider les développeurs quand ceux-ci se retrouvent bloqués face à un problème. Les développeurs inexpérimentés peuvent donc avoir plus de mal et prendre plus de temps à développer votre application.

Ne vous faites pas duper

L'industrie blockchain est une entité à part entière qui n'a pas les mêmes systèmes de protection et de sécurité que celles que peuvent avoir les banques et les autres institutions financières, et les lois diffèrent également en ce qui concerne votre protection et l'aide financière. Il n'existe aucune protection du consommateur et aucune assurance de banque FDIC du gouvernement. Si vous vous faites dérober ou flouer, vous n'aurez personne vers qui vous tourner pour trouver de l'aide.

Par ailleurs, l'industrie a connu un gain d'intérêt important ces dernières années, sans vraiment délivrer de choses ayant une réelle valeur. L'année 2016 a vu un millier de nouvelles entreprises blockchain émerger, toutes se réclamant d'un haut niveau d'expertise. Lorsque vous cherchez à développer un projet et que vous essayez de décider si cela vaut le coup d'investir, c'est toujours une bonne idée de prendre une minute et de s'assurer que cela a un sens. Posez-vous les questions suivantes :

» Une réelle valeur est-elle générée ?

» La valeur créée vous bénéficie-t-elle ?

» Existe-t-il d'autres technologies testées qui pourraient accomplir la même chose avec au moins la même efficience ou mieux ?

La technologie blockchain est garante de nombreuses promesses et pouvoirs, et c'est pourquoi elle doit être considérée en faisant attention et en pensant à tout.

N'échangez pas de tokens à moins d'être sûr de ce que vous faites

Les crypto-monnaies sont très volatiles et leur valeur peut largement varier à n'importe quel moment, parfois pour des raisons indiscernables. De nombreuses crypto-monnaies ont peu de profondeur, et partager celles-ci en grand nombre peut déclencher un effondrement de la valeur du marché. Travailler avec des blockchains publiées signifie que vous aurez sûrement besoin de détenir un certain montant de monnaie pour les utiliser.

Ne vous faites pas prendre à échanger des tokens sur le marché, à moins que vous ne compreniez bien le marché. Et si vous décidez d'échanger des tokens, n'oubliez pas d'en parler à votre CPA. Vous devrez peut-être déclarer vos gains ou pertes dans vos impôts sur le revenu.

Chapitre 19

Top dix des projets blockchain

DANS CE CHAPITRE :

- **Plonger dans les nouvelles initiatives blockchain**
- **Découvrir les implémentations globales de la blockchain**

De nouvelles start-up blockchain émergent chaque jour. Les entrepreneurs ont vu des opportunités de capitaliser sur les outils très puissants que les blockchains offrent pour faire bouger l'argent plus rapidement, pour sécuriser leurs systèmes informatique, et pour construire leur identité numérique.

Dans ce chapitre, je vous présente certains de mes projets et entreprises préférés. Après avoir lu ce chapitre, vous aurez une idée d'une partie des choses éblouissantes qui se passent au sein de l'univers des logiciels blockchain. Vous pouvez même éventuellement trouver des idées sur ce que vous pouvez vous-même faire !

Le consortium R3

De nombreuses banques ont investi dans la construction de prototypes blockchain – souvent pour répondre aux exigences Know Your Customer (KYC) – pour contrer le blanchiment d'argent, et comme prototype pour réduire les coûts des échanges de monnaie. Ils ont à surmonter de nombreux obstacles, parmi lesquels la préservation de la sécurité de l'information et la zone grise de régulation des crypto-monnaies.

R3 (www.r3cev.com) est une entreprise innovante qui a construit un consortium incluant plus de soixante-quinze des plus grandes institutions financières mondiales pour intégrer et prendre les avantages de la technologie blockchain. R3 améliore les échanges transfrontaliers en réduisant les coûts d'audit, et en améliorant la vitesse des transferts et des accords entre banques.

Les trois piliers de R3 sont comme suit :

» **Blockchain de rang financier :** R3 a développé la couche de base de la technologie qui supporte les besoins globaux d'une institution financière.

» **Recherche et développement :** R3 a créé un centre de recherche bilatéral qui teste et crée les standards de l'industrie pour la technologie blockchain de rang commercial.

» **Développement du produit :** R3 travaille en étroite collaboration avec les institutions qui créent les produits qui résolvent les problèmes au sein de la chaîne de valeur.

R3 a développé une plateforme blockchain appelée Corda pour les institutions financières. Corda est une plateforme de registre distribué destinée à manager et synchroniser les accords financiers entre les différentes institutions de régulation. Contrairement à la plupart des blockchains qui diffusent leurs transactions à l'intégralité du réseau, les transactions peuvent s'exécuter en parallèle, sur différents nœuds, sans que chacun d'entre eux ne soit au courant des transactions des autres. L'historique de ce réseau se base sur un besoin de savoir.

Les fonctionnalités principales de Corda comportent notamment :

» **Un accès contrôlé :** seuls les groupes avec un besoin légitime peuvent accéder aux données.

» **Pas de contrôleur central.**

» **Nœuds régulés et monitorés.**

» **Validation entre les parties prenantes de la transaction, plutôt qu'une validation par des validateurs non liés à la transaction.**

» **Un support pour une variété de mécanismes de consensus.**

» **Pas de crypto-monnaie native.**

tZERO : surcharger le marché d'actions

tZERO est une plateforme intégrant la technologie blockchain aux procédés de marchés existants, dans le but de réduire les délais et les coûts des accords, tout en accroissant la transparence, l'efficience, et l'audibilité. tZERO est capable de faire cela parce que c'est modulaire et adaptable.

tZERO est une subdivision d'Overstock.com, qui se concentre sur le développement et la commercialisation de technologies basées sur la fintech, elles-mêmes basées sur des registres décentralisés, cryptographiquement sécurisés. Depuis son début en octobre 2014, tZERO (`www.t0.com`) a établi des produits blockchain commerciaux fonctionnels.

tZERO a fait un partenariat avec Keystone Capital Corporation, un courtier en services bancaires et d'investissements, situé en Californie, dans le but de créer la première assurance d'équités blockchain. Ensemble, ils fournissent des services d'assurance pour les utilisateurs qui échangent des sécurités blockchain.

Patrick Byrne, le fondateur et CEO d'Overstock, a dirigé cette initiative. L'opacité des pratiques business de Wall Street a ouvert de nouvelles opportunités de marchés pour une plateforme d'échange claire et digne de confiance où les clients savent ce qu'ils achètent et les coûts que cela implique. La SEC a déclaré que le dépôt S-3 de la société mère Overstock.com était effectif, donnant à Overstock.com la possibilité d'émettre des actions blockchain dans le cadre d'une offre publique. Il s'est également associé à la Banque de Chine Indistrielle et Commerciale (ICBC ou Industrial and Commercial Bank of China), la plus grande banque du monde, pour tester la plateforme.

Byrne réussit cela à travers Medici, une subdivision de technologie financière majoritairement possédée par Overstock.com. Medici se concentre sur la résolution de problèmes significatifs dans les transactions financières grâce à la technologie blockchain. Sa première initiative est de nettoyer les règlements de sécurité.

Systèmes distribués de Blockstream

Blockstream (www.blockstream.com) a une excellente réputation dans la fourniture de technologies blockchain et se concentre principalement sur les systèmes distribués. Blockstream propose des équipements et des solutions de logiciels pour les organisations qui utilisent des réseaux basés sur la blockchain.

Blockstream Elements est la plateforme de logiciel principale de l'entreprise et un segment d'un projet open source. Elle propose de nombreuses ressources et un protocole fortement productif pour les développeurs blockchain.

Le domaine d'innovation majeur de Blockstream est dans les sidechains, qui cumulent l'utilité propre aux blockchains existantes, renforçant leur discrétion et fonctionnalités en ajoutant des fonctions comme les contrats intelligents et les transactions confidentielles. Les sidechains évitent la pénurie de liquidité que de nombreuses crypto-monnaies subissent. Les sidechains permettent également aux actifs digitaux d'être transférés entre les différentes blockchains.

Les sidechains rendent possibles les échanges d'actions d'entreprises sur une blockchain sans se soucier du coût de la transaction ou des faibles vitesses de réseaux. L'infrastructure de gestion d'actifs distribués peut également exploiter le réseau Bitcoin, permettant aux individus et aux organisations d'émettre différentes classes d'actifs.

Blockstream a également travaillé à créer le Lightning Network, un système qui permet à Bitcoin de soutenir le micropaiement sans ralentir le réseau. Le Lightning Network prend en charge de gros volumes de petits paiements en utilisant des frais de transaction proportionnels et fonctionne très rapidement. Il développe plus de prototypes Bitcoin Lightning et crée un consensus et une interopérabilité.

La blockchain d'OpenBazaar

OpenBazaar (www.openbazaar.org) est un programme open source qui a construit un réseau décentralisé pour le commerce numérique pair-à-pair. Au lieu de modèles traditionnels où les acheteurs et les vendeurs passent par un service centralisé, comme Amazon ou eBay, la plateforme OpenBazaar les relie directement. Ils utilisent également la crypto-monnaie de Bitcoin pour réduire les redevances et les restrictions.

Vous devez télécharger et installer le programme OpenBazaar sur votre ordinateur. Il vous connecte ensuite à d'autres personnes qui cherchent à acheter et à vendre des biens et des services. C'est un réseau pair-à-pair qui n'est contrôlé par aucune entreprise ou organisation. Après avoir téléchargé l'application, il est facile de vous constituer comme un acheteur ou un vendeur. Lorsque vous êtes prêt à acheter quelque chose, il suffit de faire une recherche et de voir ce qui se présente. C'est comme une version anarchiste d'eBay.

OpenBazaar pourrait *a priori* ressembler à Silk Road, mais ce n'est pas le cas. Contrairement à Silk Road, les utilisateurs ne sont pas anonymes. Ils peuvent être facilement suivis avec leur adresse IP, ce qui le rend très peu attrayant pour les criminels. Vous pouvez extraire les données de localisation du vendeur depuis l'API OpenBazaar et retracer la position de tous les participants du réseau. Il existe quelques façons de cacher votre localisation, et l'ajout de messageries privées est en cours d'exploration, mais actuellement, il existe peu ou pas de commerce illicite sur le réseau.

OpenBazaar travaille à faire appel aux principaux commerçants et détaillants indépendants. Ceux qui peuvent gérer les transactions de Bitcoin et veulent économiser de l'argent pourraient gagner un avantage compétitif sur la concurrence.

Code Valley : trouver son codeur

Code Valley (www.codevalley.com) prend le modèle traditionnel pour développer le code et le manipule. Il se décrit comme un « compilateur mondial ». Code Valley fournit aux développeurs un outil de place de marché pour construire des logiciels en collaboration avec d'autres développeurs *via* ce que Code Valley appelle des « agents ».

Chaque agent dans le système renvoie un fragment de code pour le projet du client. Code Valley crée également une place de marché ouverte pour les entrepreneurs.

Dans Code Valley, les clients ont accès à un réseau mondial de développeurs qui souhaitent et sont capables de créer un logiciel pour eux. Code Valley fonctionne de la même façon que les sites Web indépendants en ligne tels qu'Upwork. Les développeurs dans ce système gagnent des opportunités pour créer des logiciels auprès des clients. Les clients doivent, en retour, sélectionner soigneusement ceux qui peuvent travailler sur leurs projets.

Code Valley fonctionne également un peu comme un objet d'accès aux données (DAO) en ce que lorsqu'un nouveau projet est créé, il déclenche la formation d'un compileur de logiciel caché et pivotant. L'application du client est construite en collaboration avec le compilateur par de nombreux agents différents. Code Valley intègre la création de logiciels avec la technologie blockchain.

Les actifs numériques de Bitfury

Le groupe Bitfury (www.bitfury.com) a débuté en tant que société minière Bitcoin, mais s'est positionné en une société à service complet de technologie blockchain. Bitfury développe un logiciel et crée des solutions de matériel pour les entreprises et les gouvernements afin de transférer des actifs à travers les blockchains.

Bitfury est entièrement dédié à l'amélioration de l'écosystème blockchain de Bitcoin. Sa technologie aide à la gestion efficace des actifs numériques. Cela offre de la sécurité ajoutée aux transactions de blockchains privées et publiques à l'aide de logiciels et de solutions logicielles.

Bitfury traite les transactions de blockchains privées et publiques. Il aide également les clients avec des analyses de blockchains. Bitfury utilise l'historique immuable et toujours visible des transactions de Bitcoin et mène des analyses de données avancées pour les historiques de transactions. Les gouvernements ont utilisé ce type de travail pour suivre les activités criminelles dans la blockchain Bitcoin.

Bitfury est également impliqué dans le développement du réseau Lightning. Lightning est un réseau de superpositions pour la blockchain Bitcoin, permettant des microtransactions instantanées.

Bitfury travaille également sur un registre des droits de propriété. La République de Géorgie s'est associée à Bitfury pour enregistrer les titres fonciers. Le registre de propriété est enregistré dans une blockchain pour sécuriser l'historique dans un état inaltérable. Le transfert sécurisé des biens serait économiquement avantageux dans le monde en développement.

ShapeShift ou comment échanger n'importe quelle monnaie

ShapeShift (www.shapeshift.io) est l'un des moyens les plus rapides d'échanger des actifs blockchain et des crypto-monnaies. Les utilisateurs sont autorisés à échanger des devises numériques en quelques secondes à l'aide de ce service. Les utilisateurs ne doivent pas s'inquiéter de la sécurité – il n'y a pas de connexion. Grâce à ses systèmes, ShapeShift minimise sensiblement le risque de tokens volés.

ShapeShift suit un code strict « no fiat » sur sa politique. Dans le secteur des services financiers, *fiat* ne se réfère pas à la jolie petite voiture italienne ; au lieu de cela, c'est une façon de différencier les monnaies émises par le gouvernement. Sur ShapeShift, les utilisateurs ne sont pas autorisés à acheter des crypto-monnaies avec des comptes bancaires ou des cartes de débit ou de crédit. ShapeShift peut être utilisé partout dans le monde, sauf en Corée du Nord et dans l'État de New York.

L'utilisation de ShapeShift est très simple. Vous allez sur le site, vous spécifiez le type de devise que vous souhaitez échanger, et le portefeuille sur lequel envoyer les tokens échangés. ShapeShift échange les tokens pour vous, les reçoit dans un compte, puis les envoie à la destination que vous avez spécifiée.

Plusieurs sources de marché déterminent le taux de change utilisé par ShapeShift, et il reste toujours le même, indépendamment de la valeur de la monnaie échangée. Vous pouvez également convertir des bitcoins et d'autres crypto-monnaies directement dans ShapeShift.

ShapeShift offre de nombreuses fonctionnalités et outils exclusifs tels que Shifty Button et ShapeShift Lens, qui permettent aux utilisateurs d'acheter des éléments avec toute autre crypto-monnaie et de recevoir et d'échanger des paiements altcoin directement et rapidement.

Applications payables par machine sur 21

21 Inc. (www.21.co) est l'une des sociétés blockchain les mieux financées dans l'espace blockchain avec plus de 116 millions de dollars. Andreessen Horowitz, Data

Collective, Khosla Ventures, RRE Ventures et Yuan Capital sont parmi les fonds de capital-risque qui ont contribué à 21.

21 est la construction de logiciels et de matériels qui permet de travailler facilement avec Bitcoin sur HTTP. Cela facilite les paiements rapides de machine à machine. Les utilisateurs peuvent envoyer, recevoir, et implémenter des micropaiements sur HTTP. 21 permet également aux utilisateurs d'écrire des applications payables par machine sur leur système.

L'un des appareils 21 est une puce de minage embarquée, appelée BitShare. Elle peut être intégrée dans un périphérique connecté à Internet comme une puce autonome ou intégrée dans un jeu de puces existant en tant que bloc d'IP. Le BitShare génère un flux de monnaie numérique destiné à être utilisé dans une grande variété d'applications.

21 propose également quatre autres choses :

- Une application téléchargeable qui est un moyen rapide d'avoir des bitcoins dans n'importe quel pays, sans avoir de compte bancaire ou de carte de crédit.
- Une place de marché où vous pouvez acheter et vendre des appels d'API pour Bitcoin avec des développeurs dans le monde entier, ainsi qu'ajouter des micropaiements Bitcoin avec une seule ligne de code.
- Un tableau de bord qui peut surveiller vous gains de bitcoins et l'activité du réseau.
- Un système qui vous permet de vous connecter avec des développeurs et héberger vos API payables par machine.

Transactions anonymes sur Dash

Dash (www.dash.org) est la première crypto-monnaie modelée après Bitcoin. Les développeurs de Dash voulaient ajouter plus de confidentialité à leurs transactions. (Sur le réseau Bitcoin, tout le monde peut passer en revue l'historique de vos transactions.) Donc, Dash vous permet de garder vos fonds et vos transactions financières privés. Il le fait grâce à un protocole de mélange, qui rend anonyme les transactions en mélangeant les transactions de plusieurs parties, fusionnant leurs fonds de manière à ce qu'ils ne puissent être désaccouplés. Cela se fait par un réseau décentralisé de serveurs appelés masternodes.

Dash envisage d'être le premier argent cryptographique axé sur la protection avec des échanges entièrement encodés et des transactions de blocs privés. Les cartes de débit Dash peuvent être utilisées dans n'importe quel guichet automatique ou magasin dans le monde entier. Elles peuvent également être désignées en différentes normes monétaires, comme des dollars, des euros, ou livres.

Dash possède les caractéristiques suivantes :

» **Confidentialité :** tous vos paiements, transactions et soldes restent confidentiels afin que personne ne puisse vous suivre.

» **Vitesse :** il utilise la technologie InstantX avec un réseau de masternœuds pour effectuer des transactions en quelques secondes.

» **Sécurité :** le cryptage avancé et les protocoles de confiance rendent le système sécurisé.

» **Portée mondiale :** Darksend en fait un système complet qui vous permet d'envoyer de l'argent à travers le monde rapidement et de manière anonyme.

» **Faibles commissions :** le coût de transaction de transfert d'argent n'est que de quelques centimes.

Dash offre également deux portefeuilles : une version en ligne et celle que vous pouvez télécharger sur votre ordinateur.

ConsenSys : applications décentralisées

ConsenSys (www.consensys.net) a été créé par l'un des fondateurs d'Ethereum. ConsenSys construit des applications décentralisées, des solutions de blockchain d'entreprise, et de nombreux outils de développement pour les écosystèmes blockchain Ethereum.

ConsenSys travaille avec Microsoft pour créer un système d'identité open source. Ce partenariat est venu du besoin énoncé par l'ID2020 des Nations unies, dont l'objectif est de freiner les crimes contre l'humanité qui proviennent d'un manque d'identification. Le plan est d'avoir une identité juridique pour chaque personne d'ici l'an 2020.

ConsenSys a développé la solution d'identité uPort, avec un support intégré pour les systèmes de réputation et la sécurité transactionnelle. Le système uPort permet aux individus de gérer leurs éléments d'identité de façon portable et persistante sur la blockchain Ethereum.

Les utilisateurs dans les régions les moins développées du monde peuvent ainsi mettre en avant leur identité et leur réputation.

RepSys s'ajoute à la fonctionnalité du système uPort. Cela permet aux personnes, aux organisations, et aux « objets » d'attester la conduite de leurs contreparties sur différents types de transactions. Pensez-y comme les commentaires d'Amazon pour l'identité. uPort détient les attributs de réputation. Ceux-ci peuvent être des choses officielles comme les cartes d'identité émises par le gouvernement, ainsi que des pages Facebook. ConsenSys construit également des solutions KYC afin que les institutions financières puissent offrir leurs services.

Index

Achevé d'imprimer en France par EPAC Technologies
N° d'édition: 4550414304318
Dépôt légal: janvier 2018